中学语法教学论

ZHONGXUE YUFA JIAOXUE LUN

孔维波　周国光◎著

安徽师范大学出版社
·芜湖·

图书在版编目(CIP)数据

中学语法教学论 / 孔维波,周国光著 .— 芜湖: 安徽师范大学出版社,2020.5
ISBN 978-7-5676-4503-5

Ⅰ.①中… Ⅱ.①孔… ②周… Ⅲ.①中学语文课 - 教学研究 Ⅳ.①G633.302

中国版本图书馆 CIP 数据核字(2020)第 040257 号

中学语法教学论 孔维波 周国光◎著

责任编辑: 李克非 责任校对: 胡志恒
装帧设计: 张 玲 责任印制: 桑国磊
出版发行: 安徽师范大学出版社
芜湖市九华南路 189 号安徽师范大学花津校区
网 址: http://www.ahnupress.com/
发 行 部: 0553-3883578 5910327 5910310(传真)
印 刷: 江苏凤凰数码印务有限公司
版 次: 2020 年 5 月第 1 版
印 次: 2020 年 5 月第 1 次印刷
规 格: 700 mm×1000 mm 1/16
印 张: 13.25
字 数: 221 千字
书 号: ISBN 978-7-5676-4503-5
定 价: 35.00 元

如发现印装质量问题,影响阅读,请与发行部联系调换。

前　言

语法知识的有用性不会有人否认。在当代社会中，无论是语言教学(包括母语教学、汉语二语教学等)，还是人工智能、信息处理等领域，都离不开语法知识。所以，语法知识很重要。既然如此，那么中学语法教学的必要性也是没有疑问的。因此，中学语法教学不是要不要教，而是必须教，并且一定要教好。

通过对中学语法教学历史的考察、分析和反思，我们认为，此前数十年的中学语法教学虽然取得了一定的成绩，但从总体上看，以往的中学语法教学基本上是不科学、不合理、不适用的，既没有解决好“教什么、怎么教、目的是什么”这三个关键而重要的问题，而且脱离中学语文教学的实际，无助于提高学生阅读和表达的能力。否则也不会被简化、淡化甚至被取消了。一方面，语法知识的有用性众所周知；另一方面，语法教学却在中学语文教学中被取消了。看来，要想恢复并且搞好中学语文教学中的语法教学，不仅观念要更新，而且一定要扎扎实实地解决好“教什么、怎么教、目的是什么”这三个关键而重要的问题。因此，中学语法教学不能再走老路，必须进行改革。

中学语法教学改革是一件大事，是一项重要的科学研究。自2006年起，我们开始认真严肃地对这个问题进行观察、分析和思考。此后我们看到了张先亮等的《教学语法应用研究》(中国社会科学出版社，2006年版)一书。该书的研究者对我国中学语法教学的历史、现状、语法教学体系、语法教学方法论、语法教学的应用等问题进行了考察和分析。该书的考察范围比较全面，分析也较为深入，但是，对于如何解决“教什么、怎么教、目的是什么”这三个关键而重要的问题，该书却缺少突破，创新很少。这一情况使我们进一步认识到中学语法教学改革的艰巨性。

经过十多年的思考和探索，我们逐步形成了关于中学语法教学的基本思想和基本理论框架，并写出了两篇专题论文《中学语法教学的思考和探索》《语义的主观性和中学语文教学》，先后发表在《语文月刊》2015年第11期、2016年第5期，并被中国人民大学书报资料中心全文转载。这不仅给了我们很大的鼓励，也更加坚定了我们的信心。此后三年，我们陆续撰写并发表了《中学语文教学中词类教学的问题》(《语文月刊》2016年第11期)、《中学课文文本的语用分析》(《语文教学通讯》2017年第2期)、《中学课文文本的信息分析》(《语文月刊》2017年第5期)、《中学语文课文的话语前提分析例谈》(《现代语文》2017年第4期)、《中学语法教学中词组教学的问题》(《语文月刊》2018年第1期)等多篇论文，撰写了这本《中学语法教学论》，编写了《中学语法知识手册》，并实施了第一轮语法教学实验，基本上达到了预期的效果。

现将我们关于中学语法教学的基本思想简述如下：

在《中学语法教学的思考和探索》一文中，我们首先提出了中学语法教学的"选择—渗透"式教学法。在此基础上，经过近年来的探索实践和丰富完善，我们基本形成了以"选择—渗透"式教学法为核心的中学语法教学理论。

要解决我国中学语法教学的问题，至少要解决三个基本的问题：教学内容、教学方法、教学目的。

确定教学内容是解决"教什么"的问题。我们认为，中学语法教学的内容不应该是《暂拟汉语教学语法系统》和《中学教学语法系统提要(试用)》中规定的那些系统性的语法知识，也不应该进行系统的讲授。这已经为以往的中学语法教学的实践所证明。

中学语文教材的文本中不仅包含着重要的语法知识，还包含着语义、语用、表达等方面的重要知识，而这些知识以往都被忽略了。我们认为，中学语法教学应该在大语法思想("三个平面"的理论和"三个层面"的理论)的指导下进行。凡是对学生的阅读和表达有用的语法、语义、语用、信息、表达等方面的知识，都可以在中学语法教学中讲授。关键是要深入浅出，通俗易懂。在教学中，要特别重视语义方面和表达方面的知识。因为语义是表达的起点，也是理解记忆的终点。至于表达的重要性，我们可以引用表达语法的基本观点来说明：所有的语法形式都是为了表达思想和情感的。

中学语法教学不能系统地讲授语法知识，不能把语法知识作为一门学科在中学语文教学中系统地讲授。这是由中学教育的基本性质决定的。中学语法教学的内容应该选择教材中同理解和表达有关的语法知识点分析讲解，把语法知识的讲授渗透在课文文本的教学之中，把语法教学和常规语文教学融合在一起，把语法教学同提高学生的阅读理解能力、表达能力密切联系起来，真正体现出语法教学的有用性和重要性。

中学语法教学的一个重要原则就是要重视语义知识的教学。以前的中学语法知识教学过分注重语法功能的教学。这种教法不适合中学语法知识教学。实际上，语义和表达功能才是学生最需要了解的知识。根据语言习得研究的成果来看，语义是儿童最先学习的语言知识。也就是说，语义先于功能习得。语言交际的事实告诉我们，语言交际的目的就是为了传递信息和接收信息，也就是语义。交际结束后，我们能够记忆下来的只有话语的意义。而我们的语文阅读教学就是接受文本作者的话语，全面、准确地获得课文文本传递给我们的意义（信息）。因此，在中学语法教学中，一定要把语义放在首要地位。

实行“选择—渗透”式教学法也要注意语法知识的组织。所谓组织，就是把单课的语法知识点教学、单元语法知识小结、学期语法知识总结结合起来。这样做的目的主要是为了在学生的知识系统中形成语法知识模块，因为相互联系起来的知识记忆效果更好，提取、运用的效果也更好。此外这种做法也有复习的作用。

对于“选择—渗透”式教学法，我们将以《从百草园到三味书屋》这篇课文为个案进行例释。请参见本书的第一章中的相关内容。

中学语法教学改革的任务很艰巨，道路很漫长，我们将继续努力。

孔维波　周国光

2019年7月1日

目 录

ZHONGXUE YUFA
JIAOXUELUN

第一章

中学语法教学的反思和探索

1.1 中学语法教学简况

汉语语法教学真正全面进入中学课堂是在20世纪50年代。1956年,《暂拟汉语教学语法系统》(以下简称《暂拟系统》)公布,随后,以《暂拟系统》为理论框架编写的中学语法教材——《汉语》出版。中学的语文教学也开始文学、语言分科教学。一年后,中学语文教学取消分科教学。1959年,中学语文教学将各册《汉语》合编成《汉语知识》出单行本。这个时期,语法教学的内容在中学语文教学中占有相当的比重,语法教学受到教师和学生的高度重视。

20世纪80年代,新的中学教学语法系统公布。这个时期,我国的中学语法教学虽然不能与50年代相比,但是每一册的初中语文课本中都有汉语知识的内容,分别讲授从语素到句群各级语法单位的内容,而且内容比较全面、详细、系统,尤其是词组的知识,既讲词组的功能分类,也讲结构分类,其内容接近大学语法教学的内容。

进入90年代后,初中语文课本打破了人教社一统天下的局面,出现了各省市自己组织编写的语文教材。所有这些语文教材有一个共同的特点,那就是简化语法教学内容。即使是张志公主编的《九年制义务教育初级中学语文课本》也不例外。在这套教材中,语法教学方面的内容取消了语素和句群,其他方面的内容也相应简化,并把这些语法知识压缩在第一至第四册语文课本内,也就是说,初三年级不教语法知识。

1.2 造成现状的原因

目前中学语法教学有越来越淡化的趋势,甚至有取消的可能。为什么会造成这样的局面?分析起来,原因大概有如下几个方面:

一是中学语法教学效果不好。中学语法教学施行的时间较短。从20世纪50年代算起,只有五六十年。20世纪50年代出现的语法教学热潮,在很大程度上是受语法以外因素的影响。表面上看来轰轰烈烈,教师和学生都很重视语法教学,但是,这样的语法教学对于语文学习,对于提高学生的语文能力究竟有多大的帮助？真正思考的人并不多。语法教学中最主要的内容如划分词类、分析句子等，一是太烦琐，如各类词的语法功能和语法特征，各种句子类型等；二是实用性太差，在实际应用中发挥不了多大的作用。20世纪80年代末期，语文教育界开展了一场“淡化语法教学”的讨论，讨论的焦点就是“淡化”。这场讨论响应广泛，对中学语文教学界产生较大的影响。

二是教学语法系统的适应性问题。《暂拟系统》是第一个中学语文语法教学体系。该系统制定时对可教学性考虑不够。80年代公布的《中学教学语法系统提要》(以下简称《提要》)看到了《暂拟系统》的不足，修订前确定了三条原则，其中第二条明确指出：“教学语法，内容应当是提供基本知识，方式应当注重简明易懂，效果应当力求切合实用。”但是修订后的系统并没有做到这一点，比如，内容仍然过于系统、详细、复杂，基本上就是大学语法知识的浓缩。根据《提要》编写的中学语法教材自然也不符合中学语文教学和学习的实际。《提要》中的语法知识脱离读写教学，跟学生运用语言的实际情况联系并不紧密。教师难教、学生难学的情况依然存在。这种情况引起了师生们的普遍不满。

三是受语文教育理念的变化的影响。中国当代语文教学走过了一条坎坷曲折的探索之路，出现了三次大的理论嬗变：政治中心说——知识中心说——人文中心说。

政治中心说突出语文教学的政治性，这种理论曾经一度统治了语文教育界，使语文教学偏离了主要的方向。但是，这种观点也是有理论根据的，那就是自古以来语文教学的“文以载道”观点。

知识中心说基于语言是一种工具的观点。学生要获得听说读写的能力，只有通过语文基础知识的传授，经过反复训练，才能实现。这种教育观贯穿于整个20世纪的语文教育，形成了一个相当完整的体系，并且为广大语文教育工作者所接受。至20世纪80年代发展到鼎盛。在这种理论的指导下，语言知识尤其是语法知识，必然会受到重视。这就是80年代末90年代初我国中学语文教学语法教学热的根源。从语文教学的实践来说，应该说，知识中心说抓住了语文教学的本质。

人文中心说强调语文的人文精神，认为语言不单单是工具，更是人的生命活动、精神活动；语言能力应当是言语能力，读、写、听、说的能力无不都是言语能力，而言语能力总是和人的认识、情感不可分割地交融在一起，而绝不仅仅是语言工具的操作技术问题。与人文性相配套的是语感中心说。语感中心说主张语文学科以提高语感素质为中心，通过感悟、熏陶和语感的培养，使学生在潜移默化中提高语文水平，陶冶道德情操，培养审美情趣。这种理论自90年代提出以来，逐渐被语文教学界认可。教育部颁布的课程标准也充分体现这一精神，尤其是课标明确规定语文常识不列入考试范围，这对中学语法教学乃至语言教学是致命的打击。

人文中心说真的是中学语文教学的指导理论？我们觉得未必。因为有几个重要的问题该理论无法解决。

首先，什么是语感？这个初始概念就是一个难题。迄今为止，我们还没有看到让大家满意的定义。那么问题随之而来，如果连“语感”的初始概念都不清晰，那么，此后展开的理论可以建筑在一个不清晰的初始概念上吗？直言之，这样的理论体系是建立不起来的。新大纲规定：语文常识不列入考试范围，那么考什么呢？考语感？怎么考？每个人的语感各不相同(所谓“诗无达诂”，所谓“一千个人心目中有一千个哈姆莱特或林黛玉”)。怎么确定答案？

考试考什么？答案是：语文常识，或曰：语文基础知识。人们的语文知识有一个最大公约数的，这个最大公约数就是语文基础知识。到现在为止，我们还想不出更好的答案。如果认为语感是中学语文教学的核心或者主导的话，那么与此相应，今后中学语文考试的内容也应该改成考语感，那么以后的中考、高考将会出现新型的语感型试题。问题是语感型试题怎么命题？以什么题型出现？如何确定语感型试题的答案？这些问题我们至今还不得而知。

我们觉得，语感中心论有很多弊病，不具有定性性、不具有客观性(语感本身就是主观的)、不具有可操作性等，而且解决这些问题绝非一时一日之功，而是非常困难，甚至难以完成。

1.3 中学语法教学需要解决的问题

现在的状况是：一方面中学生的语言文字水平不断下滑；另一方面中学语文教学中的语言教学又在不断削弱。这是一个很尴尬的局面。如何解决这个问题呢？我们觉得应该搞清以下几个方面的问题。

第一个问题是中学语法教学的地位问题。首先要搞清楚语法教学在中学语文教学中究竟起多大作用。定位不准确,不管是高是低,都对语法教学的实施有重大的影响。

在语法学界,对中学语法教学的地位往往定位过高,似乎只要学会语法就能学好语文,甚至存在着语法—语言—语文这样的认识。比如,一部分人认为语法教学有三个目的:一是科学地认识母语,提高语言素养。中学生学习语法有助于此。二是培养运用语言的能力,以提高听说读写的能力。三是培养热爱祖国语言的爱国主义思想情操。中学生学习语法,有助于对母语的科学认识和正确使用,能更好地认识母语的优美和伟大,增强爱国主义情感。

以上所说的三种功能,多多少少都有点牵强。实事求是地说,中学语法教学实在难以承受这样的重负,难道不学语法就不爱国了吗?或者爱得少一些吗?答案当然是否定的!

另一种定位是:中学语法教学的作用很小,甚至没什么作用,因而没有必要给中学生讲语法知识;只要多读多写多练,语文能力自然就会提高。所谓"熟读唐诗三百首,不会吟诗也会吟",所谓"读书破万卷,下笔如有神",所谓"书读百遍,其义自见"。屈原没学过语法,不照样写出千古不朽的《离骚》?司马迁没学过语法,不照样写出史家之绝唱、无韵之《离骚》的《史记》?没听说曹雪芹啥时候学的语法,人家不照样写出世界名著《红楼梦》?因此,语法不学也罢。

对于这种看法,吕叔湘先生有一段经验之谈。吕先生说:"很多人,包括一部分中学教师,不赞成跟中学生讲语法。理由:一,没有用;二,接受不了。语法无用论在一部分知识分子当中是相当流行的。他们说,自古以来中国读书人不讲'文法',可是出了很多能文之士。反之,现在很多人学了语法,可是文章写不好,包括语法学家本人在内。这个话,听起来似乎也有几分道理,但是有很大的片面性,逻辑上有问题。正如同有些人说,有人不讲卫生,也不生病;有人讲卫生,要生病照样生病。事实怎么样呢?事实是,讲卫生的人总是比不讲卫生的人少生病。文章的好坏,语法是其中的一个因素,还要多读范文,讲究作文法,讲究逻辑思维。可是就拿语法这一件事情来说,学过语法的人比起没有学过语法的人来,文字通顺的比例也总要大些。古时候不讲语法,出了不少文人学士,一点不错,可是同时也出了数不清的不通的读书人,不过他们写的东西都没有传下来,大家都把他们忘了就是了。人们的各种技能很多是靠经验得来的，是不知不觉学会的。可是如果能够把经验总结总结，懂得其中的道理，把不自觉的变成自觉的，不但知其然，并且知其所以然，他的技能就会得到巩固和提高。这个原则也适用于语言文字，语言文字的运用也是一种技能。”（吕叔湘《怎样跟中学生讲语法》，载《教学语法论集》，人民教育出版社，1982年版。）

吕先生说的是有道理的。但是中学语法教学绝不仅仅是形成一种技能的问题。

语言是一个符号系统，是由符号系统（词汇）和符号规则系统（语法）共同构成的一个系统。语言系统具有交际功能、信息功能、思维功能、表达功能等多种功能。语言是人类最重要的交际工具，也是最重要的信息载体。如果一个人不掌握相应的语法知识，他怎么能正常、顺利地交际和传递信息呢？语言是思维的工具。语法是语言的法则。没有学好语法的人怎么能有优质的思维？

下列句子都是判断句，它们的逻辑语义有什么不同？该如何理解？

（1）张三是一中校长。/老舍是《骆驼祥子》的作者。

（2）螳螂是昆虫。/牛是动物。

（3）小王是中文系。小李是外语系。

（4）小梅是双眼皮。/玛丽是黄头发。

（5）前面是一条河。/墙上是一幅地图。

（6）我是不知道，他是装糊涂。

（7）我是为了你。/这都是为了钱。

（8）祖国是我们的母亲。/我是一棵无人知道的小草。

复句理解的思维难度更大，语法难度也更大，涉及复句类型、逻辑语义关系、复句结构层次、关联词等方面的知识，这些知识不具备，怎么理解复句？怎么进行推理？又怎么进行复杂的思维活动呢？

至于语言的表达功能、语法和表达的关系，吕叔湘先生已经说得很清楚了。

所以我们说：语法是有用的。中学语法教学也是有意义、有价值的，是必要的。

但是，应该指出的是：语法不是万能的，语法教学也不是万能的。语法教学虽然是必要的，但不是第一位的，占主导地位的。我们认为，在中学语文教学中，语言知识的教学，包括语音、文字、词汇、修辞、语法等方面，应该占到半壁江山。在语言知识的教学中，语法教学应该处于主导的地位，尤其是在阅读、写作教学方面。

我们可以这样给语法教学定位：语法教学在阅读、写作教学中处于比较重要的、辅助性的地位。在中学语文知识系统中，尤其在阅读、写作知识方面，语法知识同样处于比较重要的辅助性的地位。打个不太恰当的比方：语法是盐。

第二个问题是教学内容问题，即“教什么”的问题。中学语法教学教什么？怎么选择、确定中学语法教学的内容？这个问题是中学语法教学必须解决的问题。

我们认为，中学语法教学的内容不应该是《暂拟汉语教学语法系统》和《中学教学语法系统提要（试用）》中规定的那些系统性的语法知识，也不应该进行系统的讲授。这些已经为以往的中学语法教学的实践所证明。

近年来，中学语法教学有一些回头的迹象，但是仍然不得要领。例如新版部颁语文教材中关于名词知识的内容：

名词很常见，有的表示人，如“娃娃”“姑娘”“青年”“农夫”；有的表示具体的事物，如“绿萍”“水藻”“铃铛”“镰刀”“蚂蚁”；有的表示抽象的事物，如“精神”“传统”“法律”“爱情”；还有的表示时间，如“秋天”“昨天”“过去”“早晨”。这些都不难区分，使用时也不太容易出错。

需要注意的是另一类表示方位的名词，一般称为方位名词，如“上”“下”“左”“右”“前”“后”“东”“南”“西”“北”“里头”“外边”“以上”“之下”等。大多数情况下，方位名词用在其他名词性词语的后边，表示事物所在的位置或范围。例如：

（1）小草偷偷滴从土里钻出来，嫩嫩的，绿绿的。（朱自清《春》）

（2）雨变得更轻，也更深情了，水声在屋檐下，水花在窗玻璃上，会陪伴着你的夜梦。（刘湛秋《雨的四季》）

上面这一段关于名词的知识短文主要谈了名词的分类，重点说了方位名词及其用法。这样的语法知识教学其实还是老一套，对阅读和写作也没有帮助。这个情况表明：教材的编写者认为中学语法还是要教的，但是不知道教什么，也不知怎么教。（关于名词以及词类教学的问题，我们将在本书第二章中进行讨论。）

中学语法教学不能系统地讲授语法知识，不能把语法知识作为一门学科在中学里系统讲授。这是由中学教育的基本性质所决定的。中学语法教学的内容应该选择教材中同理解和表达有关的语法知识点分析讲解，把语法知识的讲授渗透在课文文本的教学之中，把语法教学和常规语文教学融合在一起，把语法教学同提高学生的阅读理解能力、表达能力密切联系起来，真正体现出语法教学的有用性和重要性。中学语法教学应该从教材文本中选取语法教学内容。

中学语文教材的文本中不仅包含着重要的语法知识，还包含着语义、语用、表达等方面的重要知识，而这些知识以往都被忽略了。我们认为，中学语法教学应该在大语法思想（“三个平面”的理论和“三个层面”的理论）的指导下进行。凡是对学生的阅读和表达有用的语法、语义、语用、信息等方面的知识，都可以在中学语法教学中讲授。关键是要深入浅出，通俗易懂。在这里，我们要特别强调语义方面和表达方面的知识。语义是表达的起点，也是理解记忆的终点。至于表达的重要性，我们可以引用表达语法的基本观点来说明：所有的语法形式都是为了表达思想和情感的。

关于如何在大语法思想指导下进行中学语法教学，我们将通过课文文本的信息分析、课文文本的语用分析和语文教学中的语义分析等章节进行详细的讨论和例释。

第三个问题是中学语法教学的指导思想的问题。从20世纪50年代的《暂拟系统》到20世纪80年代的《中学教学语法系统提要》，中学语法教学是轰轰烈烈，全面系统地讲授；20世纪90年代以后逐步淡化，乃至于不教不考，前后180度的大转弯，中学语法教学变化太大。这本身就是不成熟、缺乏教学指导思想的表现。全面系统讲授时不知道为什么要全面系统地讲授，淡化、取消语法教学时又不知道为什么要淡化、取消。教学指导思想的随意性、盲目性、虚无性暴露无遗。

我们觉得，中学语法教学的指导思想的首要一点就是强调语法教学的实用性。教学语法与专家语法（理论语法）的一个重要区别就是实用性。尤其是中学教学语法。

教育部原副部长浦通修在20世纪80年代初关于中学语法教学研讨会上代表

教育部所作的报告中强调："在中学，语法教学要有一定的地位，发挥一定的作用，但内容不能太多，不能过分强调它的系统性、独立性而忽视它的实用性。一定要很好地明确中学语法教学的目的，针对今天中学的情况考虑中学的语法教学。"（浦通修《关于中学语法教学的几个问题》，载《教学语法论集》，人民教育出版社，1982年版。）

北京大学的陆俭明先生认为："中学语文教学中讲授语言知识，其目的并不是为了给学生灌输一套死的语言知识，而是为了让他们更好地理解课文，是为了更好地增强他们良好的语感，是为了帮助他们更好地表达，是为了帮助他们防止出现或减少语病。总之，对学生来说，学语言方面的知识，不是为了死背一些知识，死抠一些概念，而是为了用，是为了对学生的阅读、写作起到点拨、启示的作用。"（《关于中学语文教学中语言知识的分布与教学问题》，《语言文字应用》2002年第1期。）

这里，陆俭明先生回答了"中学语法教学的目的"这个问题就是"为了用"，"是为了对学生的阅读、写作起到点拨、启示作用"。

俗话说，说着容易做着难。要从汉语语法体系中选择出能够让中学生觉得有用的东西谈何容易。就拿《中学教学语法系统提要》来说吧，修订前经过反复讨论，确定了中学教学语法必须注重实用性的原则，但是制订出来的《提要》并非如此。比如词组一节，既有结构分类，又有功能分类，其中动词词组就分为6大类，其中的"状+动"又分为8小类。如此复杂的分类让学生如何掌握？关键是，即便记住了又有什么用处呢？

除了注重实用性之外，中学语法教学还要有"大语法"的思想，要实行"语义优先"的原则。关于"大语法"的思想，前面已经简略说过了。关于"语义优先"的原则，我们将在下面阐释。

现在我们可以非常明确地回答有关的问题了：

语法到底有没有用？回答是肯定的：有用！语法知识的用处是多方面的：人机对话、自动翻译、人工智能这些尖端领域都离不开语法知识。对外汉语教学离开了语法知识就寸步难行。在中学语文教学中，语法知识同样有用。

语法要不要教？一定要教！纵观国际上百余年的语文教育史，我们还没发现哪个国家的语文教育可以不讲语法知识而取得良好的语文教育效果，中国也不例外。

但是，中学语法教学既不能死教，更不能乱教。所谓死教，就是按照过去的指导思想、教学内容、教学方法不加改进地教学；所谓乱教，就是依照所谓什么“语感论”“绿色语文”“生命语文”等“新”的教学理念去教。语法是一个科学系统，语法教学也同样是一个科学系统。中学语法教学有自身的体系、方法和特点，我们的任务就是发现中学语法教学的特点、探求适合中学语法教学的教学方法，构建起科学、合理的中学语法教学体系。

1.4 关于“选择—渗透”式语法教学法

我们认为：中学语法教学一定要实用。中学语法教学的实用性一定要联系中学语文教学的实际。中学语法教学的实用性首先应该从“读”即阅读入手，也就是联系课文实际，分析其中的语法现象。但是也不是课文中每个语法点都分析，而是要选择与理解能力和表达能力等有关的语法知识点分析讲解。我们把这样的语法教学方法叫做“选择—渗透”式教学法。这是根据中学语文语法教学的特点而提出的语法教学方法。

所谓选择，有两个方面的意思：一是不能把语法知识作为一门学科在中学里系统讲授。这是由中学教育的基本性质所决定的。二是不能不分轻重，对教材中的语法知识全部讲授分析，而应是选择与理解和表达有关的语法知识点分析讲解。选择的目的主要是为了解决“教什么（教学内容）”的问题。

所谓渗透，就是把语法知识的讲授渗透在课文文本的教学之中。把语法教学和常规语文教学融合在一起。通过对课文文本中相关的词语和句子的分析解释，提高学生的阅读能力，然后进一步提高学生的语言表达能力。

这种教学方法的首要原则就是语义优先。以前的中学语法教学过分注重语法功能的教学。这种教法不符合中学语文学习实际。以词语教学为例，当中学生需要学习关于某一个词语的知识时，他们很少问（甚至不问）“这个词是什么词性？这个词的功能是什么？”而最常问的问题是“这个词是什么意思？”或者“这个词有什么用？”由此可见，语义（包括词义）和表达功能才是中学生最需要了解的知识。

其次，根据语言习得研究的成果来看，语义是儿童最先学习的语言知识。也就是说,语义先于功能习得。所以,语义教学先于功能教学也是有依据的。

再次,语言交际的事实告诉我们,语言交际的目的就是为了传递信息和接收信息,也就是语义。交际结束后,我们还记得我们听到了多少个名词、动词、形容词?还记得听到多少个偏正词组、动宾词组、联合词组?我们能够保留记忆下来的只有话语的意义。而我们的语文阅读教学就是接受文本作者的话语,全面、准确地获得课文文本所传递给我们的意义(信息)。如果这一点做不到,那么语文阅读教学也就是一句空话。

因此,在中学语法教学中,一定要把语义放在首要地位。

在"大语法"思想指导下,除了语义分析之外,我们在对课文文本的分析中也采用了功能分析、结构分析、语用分析、信息分析、认知分析等多种分析。分析时以解决问题为主旨,而不强调分析方法的名目,以及操作方法、操作原则、系统性等方面的问题。

最后,"选择—渗透"式教学法也要注意语法知识的组织。所谓组织,就是把单课的语法知识点解说、单元语法知识小结、学期语法知识总结结合起来。这样做的目的主要是为了在学生的知识系统中形成语法知识模块,因为相互联系起来的知识记忆效果更好,提取、运用的效果也更好。此外这种做法也有复习的作用。

下面我们就对"选择—渗透"式语法教学方法进行简要介绍,并加以例释。我们采用的方法是:个案法+联系法。也就是说:我们讲授的是经过选择的课文文本中的语法知识点,但是对它们分析解说并不限于课文文本,可以进行类推、联系、拓展、迁移。

1.5"选择—渗透"式语法教学法的个案例释——以《从百草园到三味书屋》为例

1.5.1语法知识点1:"从A到B"格式的语法分析

在《从百草园到三味书屋》这篇课文后的"研讨与练习"中有这样一个问题:

本文题为"从百草园到三味书屋",你从这个题目得到了哪些信息?

要回答这个问题，就要进行语法分析。因为构造“从百草园到三味书屋”这个词组运用了现代汉语中常见常用的一个语法格式。要理解这个语法格式所表达的意义（语法意义），获取这个语法格式传递的信息，那么对这个语法格式进行语法分析就是必要的。这就是我们所说的语法教学中语法分析的必要性。下面我们就对“从百草园到三味书屋”这个语法格式进行语法和语义分析。

传统的词组分析是：“从百草园到三味书屋”这个格式是偏正关系，“从百草园”是个介词词组，修饰“到三味书屋”这个动宾词组，二者之间是修饰与被修饰的关系。

我们很怀疑，这样的分析能够回答课文提出的问题吗？对于理解“从百草园到三味书屋”这个课文题目有多大帮助呢？

我们的分析是这样的：

我们先把“从百草园到三味书屋”抽象为一个格式：“从A到B”。在这个格式中，A表示起点，B表示终点。“从A到B”是一个表示移动、变化的语法格式，其语法意义为“变化”。

根据语法形式和语法意义的对应原理，一个语法格式可以表达多种语义内容。根据现有的研究，该格式可以表达如下语义内容。

（1）空间位置移动。表达这种意义的时候，格式中出现的都是表示地点（处所）的词语（处所名词）。例如：

从广州到北京

从家里到学校

从高山到平原

从百草园到三味书屋

（2）时间推移变化。表达这种意义的时候，格式中出现的大都是表示时间、年龄的词语。例如：

从早晨到晚上

从初一到高三

从开学到期末
从童年到少年

(3)境况处境的变化。表达这种意义的时候,格式中出现的大都是表示处境、状况的词语。例如:

从山村到都市
从天堂到地狱
从黑暗到光明
从乐园到牢笼

(4)身分地位变动。表达这种意义的时候,格式中出现的大都是表示人的身份、地位的词语。例如:

从奴隶到将军
从市长到囚徒
从农民到企业家
从孩童到学生

(5)情绪、状态的变动。表达这种意义的时候,格式中出现的大都是表示人的情绪、状态的词语(形容词)。例如:

从愤怒到平静
从糊涂到明白
从冲动到冷静
从快乐到郁闷

(6)动作行为的变化。表达这种意义的时候,格式中出现的大都是表示动作行为的词语(动词)。例如:

从跟跑到领跑

从模仿到创新

从忍耐到反击

从玩耍到读书

接下来,梳理上述词组语义提供的信息,以及句法引申的路线,结果如下:

从百草园到三味书屋 → 从乐园到牢笼→从玩耍到读书→从快乐到郁闷

从百草园到三味书屋 → 从孩童到学生→从童年到少年

完成了“从A到B”格式的语法语义分析,我们现在就可以回答前面的问题了:

本文题为“从百草园到三味书屋”,你从这个题目得到了哪些信息?

答:通过上面的语法描述和分析,通过句法联想,我们得到的信息如上图所示(见上图)。上图中,“从百草园到三味书屋”后的箭头所指向的例子就是我们通过课文题目获取的信息,这些例子通过“从A到B”这个句法格式联系起来,在语义上则通过“变化”这一共有语义联系起来。因此,当我们阅读到一个格式(句法结构)中的具体的例子时,就会联想起同一个格式的其他例子。这种联想叫做句法联想。句法联想的基础是句法格式的结构因素和句法语义因素。句法联想是阅读中获取广泛的、深层的信息的重要机制,也是一种重要的阅读理解手段。

关于词语联想,大家都很熟悉。例如,说到“苹果”,会想到“香蕉、橘子、荔枝、桃子”等(同类联想);说到“人体”,会想到“头部、上肢、下肢、躯干”等(整体一部分联想)。这些联想是词汇平面的联想,是建立在词语语义关系基础上的联想。这种联想的范围相对来说较小。

语法联想是比词语联想更高层次的联想。语法联想的基础不仅有构成语法结构的词语,还有词语构成的语法结构模式(也就是“格式”)。这样,语法联想的范围就是：成分联想＋格式联想。因此，语法联想的范围比词语联想更广阔，也更深入。如果我们的学生具备了语法联想的能力，那么他们的阅读能力和理解能力就会更上一个台阶。

我们觉得，这样的语法分析才能够回答课文提出的问题，对于理解课文也是有帮助的，因而是符合中学语文教学实际的，也才是有意义的。

不过，语法教学到此还没有结束。接下来的问题就是拓展和迁移：由阅读转向写作，也即把“从A到B”格式从阅读理解转化为表达写作。

从阅读（学习）转变到写作（运用）是一个不等式，即：

阅读（学习）⩽写作（运用）。

也就是说，学生通过阅读学习到的知识，不可能百分之百地转化到写作中去。因此，知识转化教学的范围比阅读学习的范围要小，而不是百分之百地转化。这是知识转化教学的一个基本规律。

以“从……到……”这个格式的转化教学为例。从上面的描述来看，这个格式基本上可以表达六种语法意义。但是，在进行格式的表达功能的教学的时候，不能把六种语法意义和构造要求一并讲解，而是把比较常见常用的表达功能先讲解，其他的表达功能可以让学生在以后的学习中逐步掌握。比如，“从……到……”格式基本的用法是表达空间、时间及其变化，这种基本用法也是句法引申的基础。因此，空间、时间的表达是学生们应该掌握的。下面的例子是学生们应该类推、模仿出来的。例如空间的表达：

从大兴安岭到海南渔岛，从帕米尔高原到东海之滨，我们的祖国欣欣向荣，春意盎然。

稍稍加以扩展就可以得到：

从白雪皑皑的大兴安岭到碧波荡漾的海南渔岛，从辽阔的帕米尔高原到美丽的东海之滨，我们的祖国欣欣向荣，春意盎然。

再如时间的表达：

从春天到夏天，从秋天到冬天，我们每天都生活在色彩的世界里。

稍加扩展就可以得到：

从绿色的春天到多彩的夏天，从金色的秋天到银色的冬天，我们每天都生活在色彩的世界里。

再比如：

从天真烂漫的孩童到初识人生的少年，从意气风发的青年到气吞山河的壮年，从两鬓如霜的中年到白发苍苍的老年，我们走过了漫长的人生道路。回首往事，扪心自问，我们无愧人生！

如果我们的孩子们通过“从百草园到三味书屋”这个语法格式的学习而能够写出像上面这样的词句，孩子们还会觉得学习语法没用吗？

1.5.2 语法知识点2：“不必说……，也不必说……，单是……”复句格式分析

这个格式在课文中是这样呈现的：

不必说碧绿的菜畦，光滑的石井栏，高达的皂角树，紫红的桑葚；也不必说鸣蝉在树叶里长吟，肥胖的黄蜂伏在菜花上，轻捷的叫天子（云雀）忽然从草间直窜向云霄里去了。单是周围的短短的泥墙根一带，就有无限趣味。

上例是一个选择复句，可以抽象为一个格式：

不必说……，也不必说……，单是……

类似的格式还有：

且不说……且不说……，单说……

先不说……也不说……，单说……

不用说……也不用说……，就说……

对于上面这个复句，传统的复句分析是这样的：这个复句总体上是一个二重选择复句。第一层是选择关系，第二层是并列关系。

该复句的结构分析如下：

不必说……，/ /（并列）也不必说……，/（选择）单是……

对于这样的分析，我们同样表示怀疑；这样的分析对阅读理解有多少帮助呢？

我们的分析是这样的：这个复句格式中的“不必说……”表示排除，“也不必说……”同样表示排除，“单是”表示选取，并且是唯一的选取。这个复句格式综合采用了排除法、选择法和蕴含法，它所表达的语法意义是“高程度”。这个“高程度”意义可以表述为下面这句话：高中选低，低却不低（甚至很高），（蕴含：那么高的就更不用说了）。

整个复句表达的意思是：（百草园中的乐趣），单是短短的泥墙根一带就趣味无限。而园中多彩多样的植物，可爱可乐的动物等，趣味更是多了去了。

这个表示“高中选低，低却不低”意义的复句格式，既可以用于述说、夸耀、夸赞、炫耀等，也可以用于贬低、斥骂等。例如：

我们一班是学校的王牌班，那真是人才济济，藏龙卧虎。不必说数学王子张三，也不必说语文状元李四，就说全班排名第十一的王五，前不久也刚刚捧回了全市物理竞赛的亚军奖杯。

现在人们的外语水平普遍提高了，不用说那些大学生，也不用说那些中学生，就是一般的老百姓，见到外国人也能聊上几句。

这个流氓团伙个个都不是好东西。且不说那个领头的，也不说那个狗头军师，就连那个跑腿的马仔，也是头顶长疮，脚底流脓——坏透了！

1.5.3 语法知识点3:“我的蟋蟀们”的语法分析

课文呈现:

Ade,我的蟋蟀们;Ade,我的覆盆子们和木莲们!

这个例子涉及几个方面:

(1)汉语的“-们”和英语的“-s”的区别。

过去认为,汉语的“-们”和英语的“-s”都是表示复数。这个说法不太准确。要搞清楚汉语的“-们”和英语的“-s”的区别,我们首先要对“数”这个语法范畴了解一下(如果对学生讲,就不要讲什么“语法范畴”了,就讲“数”的内容就行了)。

“数”可以分为单数和复数,单数就是一,大于一的数(从二开始)就是复数。复数又分为确数和概数。确数是清晰确切的数字,三、十一、一百二十三等都是确数。概数是不清晰、不确切的数字,几、许多、三十上下、五十左右等都是概数。准确地说:英语的-s表示的是复数,例如:three teachers / many books。汉语的“-们”只能表示概数,不能表示确数。所以汉语中没有“三位老师们”“三十个同学们”这样的说法,因为“三、三十”都是确数,而“-们”表示概数,二者是矛盾的。顺便说一下,“-们”的这种用法也是考点之一。这是汉语的“-们”和英语的“-s”区别的第一点。

汉语的“-们”和英语的“-s”区别的第二点是同名词的组合情况。汉语的“-们”原来只能和表示人的名词组合(先生们、女士们、老师们、同学们等),后来又发展到和表示动物的名词组合(野牛们、狮子们、老鼠们、天鹅们、蚂蚁们等),但是和植物名词组合的情况很少,和无生物名词则不能组合,所以汉语中没有“桌子们、椅子们、电脑们”这样的组合。而英语的“-s”则没有这个限制,teachers,dogs,desks,books都是合法的。

第三个区别是,汉语的“-们”可以用在词的后面,也可以用在词组的后面。而英语的“-s”只能用在词的后面。请比较下面的例子:

兄弟姐妹们——brothers and sisters

叔叔阿姨们——uncles and aunties

我们觉得,把汉语的语法知识和英语的语法知识讲清楚,对于孩子们学习外语也是有帮助的,关键是准确地掌握了汉语的“-们”的用法。

(2)语法结构和修辞手法。

语法结构和修辞手法本来就是密不可分的。修辞手法一定要通过一定的语法结构表现出来。鲁迅先生在该文中巧妙地运用“-们”表达了一种修辞手法——拟人。

前面我们说到,汉语的“-们”正常情况下一般附加在表示人的名词后面。但是,如果一旦出现了超常搭配呢?例如像课文中呈现的那样:

Ade,我的蟋蟀们;Ade,我的覆盆子们和木莲们!

那么我们该如何解释这样的语言(语法)现象呢?

实际上,这种现象的产生是作者运用了一种修辞手法——拟人手法。鲁迅先生根据“-们”主要附着在表人名词后面这种用法,利用“-们”的语义转化能力,把动物、植物人物化了,甚至说朋友化了!

具有语义转化能力的不仅一个“-们”。词缀、助词都有语义转化能力。例如:

-子:刷子、盖子、胖子、尖子。

-者:读者、学者、损坏公物者、成绩优异者、见义勇为者。

-的:吃的、学的、说的、硬的、野生的。

-了:春天了、高中生了、大姑娘了、王府井了。

-虫:懒虫、笨虫、糊涂虫、跟屁虫、应声虫、可怜虫、捣蛋虫、害人虫。

-货:蠢货、吃货。

(3)语法结构的情感表达。

过去认为语法结构(或者说语法格式)只能表达语法意义(或者说结构意义)。这种说法如果在词组层面来看,还说得过去。但是如果在句子层面来说,那就不全面了。实际上,我们抽象出的各种句式,由于是在表达单位——句子层面上抽象出来的,因而不可避免地带有句子表达的各种情感。因此,语法格式应该包含着一定的情感因素。例如:

将革命进行到底! / 将爱情进行到底! / 将高考进行到底! / 将语文教学进行到底!

上面这个句式所表达的坚定、激昂的情感是十分明显的。再例如:

谁说女儿不如男?! / 谁说鸡毛不能上天?! / 谁说山窝里飞不出金凤凰?! / 谁说中国人不如外国人?!

上面这个句式所表达的肯定、自豪的情感溢于言表。

那么,"Ade,我的蟋蟀们;Ade,我的覆盆子们和木莲们!"这个例子表达了什么情感呢?这个例子中表达情感的语法格式是"我的X",表达的情感是"亲密、亲爱"。

在现代汉语中,"我的X"这个格式表示的语法意义是"领属",意思就是某人拥有某物,或者某物属于某人。既然一个人拥有某种东西,或者说这些东西是属于他的,那他当然十分爱惜了!古语曰:家有敝帚,享之千金。正是此意。因此这个格式表达亲密、亲爱的情感也就是很自然的了。请看下面这些例子:

我的妈妈 / 我的祖国 / 我的心肝儿宝贝儿 / 我的兄弟姐妹 / 我的父老乡亲 / 我的遥远的清平湾 / 我的蟋蟀们、我的木莲们! / 你是我的小苹果。 / 厉害了,我的国!

因此,学了这一课,老师应该让同学们知道并记住:当你要表达亲密、亲切、亲爱感情的时候,别忘了"我的X"这个格式。

《从百草园到三味书屋》这篇经典课文里还有许多语法知识点,例如"美女蛇"故事的话语结构,"当然、自然"的前提分析,"捕鸟"的广义照应分析,"所谓……"

的语义分析，等等。关于这些语法知识点，我们在《中学语文教材语言知识点解说》一书中有较为详细的解说。此处从略。

1.6 以后的工作

如果通过上面的讨论、分析和例释能够说明“选择—渗透”式教学方法的科学性和可行性，那么我们接下来就可以按照这种教学方法实施中学语法教学了。不过我们还要做好以下工作：

第一，确定实施中学语法教学的年级。我们认为在初中阶段实施比较合适。这是因为，小学阶段的学生在阅读能力、理解能力方面还有待提高；而到了高中阶段，高考又成为压倒一切的任务。高中生们是否还愿意拿出一部分精力学习相关的语法知识，尚未可知。不过我们觉得，如果有三年的时间进行语法知识的渗透教学，那么掌握现代汉语语法的基础知识也就差不多了。

第二，对初中语文教材中的语法知识点进行筛选，然后进行描述、分析、解释、拓展、迁移。这项工作的结果便是一本配套的初中语文教材语法教学参考书——《中学语文教材语言知识点解说》。我们希望这本参考书能对广大中学语文教师们的语法教学有所帮助。

第三，在大面积或全面实施中学语法教学以前，我们一定要做好教学实验工作，纠正偏差，克服困难，解决问题，取得经验，为大面积或全面实施中学语法教学奠定坚实的基础。

第二章

中学语法教学中的词类教学

2.1 现代汉语词类知识教学概说

在大学里，现代汉语词类的教学内容一般包括如下几个方面：

（1）划分词类的必要性，也就是为什么要划分词类的问题。

（2）划分词类的标准，或者说依据，也就是根据什么来划分词类。在意义、形态、功能三个标准中，现在一般都认为应该根据词的功能划分词类。

（3）划分词类的程序和词类系统概貌。大致如下：

a. 根据能否充当句法成分，首先把词分为实词和虚词两大类。

b. 实词根据能否充当中心语成分，分为核词和修饰词两大类。核词既可以做中心语，也可以做修饰语；修饰词一般不能做中心语，只能做修饰语。

c. 在核词内部，根据能否受"不"的修饰，以及主要充当主、宾语还是主要充当谓语和述语，可以再分为两类：不能受"不"的修饰，主要充当主、宾语的核词是体词。能受"不"的修饰，主要充当谓语、述语的核词是谓词。

d. 体词内部可以进一步划分为名词和量词。谓词内部可以进一步划分为动词和形容词。

修饰词根据修饰的成分的不同，可以进一步划分为数词、区别词、副词、叹词、拟声词。

e. 虚词根据其分布的状况分为三类：前置虚词、后置虚词、中置虚词。

前置虚词附着在体词或体词性成分前面，这类虚词称为介词。

中置虚词分布在词与词、词组与词组、句子与句子之间，这类虚词称为连词。

后置虚词中，附着在结构成分之后，辅助结构成分组合的叫作助词。后置虚词中，附着在句子末尾，表示各种语气意义的叫做语气词。

f. 代词是一个特殊的类。代词不是根据语法功能划分出来的词类，而是根据指代功能确定的类。代词内部根据代词所指代的词类的不同，可以分别分为指称性代词、陈述性代词、修饰性代词等不同的小类。

上述划分出来的词类是比较概括的大类。每类词还可以根据更具体的语法功能划分出更小的次类。词的次类的划分可以使词类规则进一步精密化。

（4）各类词分述。这部分内容对各类词的语法特征、次类的划分的情况进行

描述,也是词类教学的主要内容。以名词为例:

名词

名词表示人、事物,以及时间和空间。

1.名词的语法特点

(1)不受“不”的修饰。

(2)能受数量成分的修饰。

(3)经常充当主语、宾语和定语。

(4)名词在一定条件下可以做谓语,构成名词谓语句。

(5)有生名词后面可以加上“-们”表示“群”的意义。

(6)能用“谁”“什么”提问,主要完成指称的任务。

2.名词的小类

名词小类的划分主要是根据名词同数量成分的搭配情况,并参考名词的意义。

(1)普通名词

个体名词:	马	牛	汽车	火车	飞机	轮船
专有名词:	李白	黄河	泰山	广州	论语	
集合名词:	人民	师生	马匹	物资	衣物	
物质名词:	水	土	油	面粉	布	药
抽象名词:	道德	风气	观念	礼节	看头	

(2)处所名词

处所名词的语法特点是:

a.能放在“在、到”后面,表示现场或终点。

b.可以做位移动词“来、去”的宾语。

c.能用“什么地方”提问,能用“这儿、那儿”指代。

处所名词大致分为两类:

表示特定地点的:亚洲、中国、北京、中山路、黄山、通县、古镇、芳村。

表示相对地点的:上头、下边、里头、前边、背后、当地、原处、门口、路口、街头、野外、乡下、民间、远处、近处。

处所名词不受“不”的修饰，这体现了它的体词性；不过处所词基本上不受数量成分修饰，和普通名词又有区别，所以把它作为名词中的特殊的小类。

(3)时间名词

时间名词的语法特点是：

a.可以放在介词“在、到”后面，构成表示时间的介词词组。

b.可以用“什么时候”提问。

c.可以做“等到”的宾语。

时间名词表示时点，也就是时间轴上的时间坐标。例如：

汉代、唐朝、前年、明年、春季、冬季、立春、冬至、元月、十月、上旬、下旬、一号、十号、周一、周日、早晨、晚上、八点、零点、昨天、过去、现在、未来。

时间名词可以和介词“在、到”构成表示时间的介词词组，经常在句子中做状语；也可以单独做状语。例如：

事情在秋天发生。/我现在就去。/他明天回来。

(4)方位名词

方位名词的语法特点是：

a.可以放在介词“朝、向、往”的后面，构成表示方向的介词词组。

b.可以放在名词等其他词语后面构成方位词组。

方位名词大致分为两类：单纯方位名词和合成方位名词。

单纯方位名词：上、下、前、后、左、右、里、外、中、内、东、西、南、北。

合成方位名词：以前、以后、以上、以下、以内、以外、以东、以西、之前、之后、之上、之下、之中、之内、之间、东北、西南、前后、左右、上下。

单纯方位名词可以放在“朝/向/往”的后面，构成表示方向的介词词组。例如：往前走、向右转。也可以放在名词等其他词语后面构成表示位置的方位词组。例如：桌子上、屋檐下、脑海里、血液中、北京西、广州东。

合成方位名词一般放在名词等其他词语后面构成表示位置的方位词组。例如：教学楼之前、长江以南、城市之中、县城西北。

上面这些知识，大部分是关于名词的语法功能的。对照中学语文教学的情况，可以看出，这些知识和中学语文教学的实际需要距离还是比较远的。当然，也有一部分是中学语文教学中应该讲授的,问题是怎样讲授,也就是教学的方式、方法问题。

2.2 各个词类教学知识的选择及其教学建议

在谈各个词类的教学知识之前,我们首先谈一下我们对词类教学的认识和教学知识的选择原则。

在中学语文教学中讲授词类知识,第一个问题就是讲什么的问题。我们觉得,像大学本科现代汉语课程中的词类知识内容,很多都是不宜讲的。比如,各类词的语法特征、各类词的次类(或小类),这些知识就不宜讲。为什么呢?因为正如前文所说的那样,语义(包括词义)和作用才是中学生最需要了解的知识,自然也就应该成为中学语文教学中词类教学的重点。

在中学语文阅读教学中,最重要的应该是语义方面的教学。这是因为:语言交际的事实告诉:语言交际的目的就是为了传递信息和接收信息,也就是语义。交际结束后,我们还记得我们听到了多少陈述句?多少疑问句?还记得听到多少偏正词组?多少动宾词组?多少联合词组?我们能够保留记忆下来的只有话语的意义。同理,我们的语文阅读教学就是接受文本作者的话语,最重要的目的就是全面、准确地获得课文文本所传递给我们的意义。如果这一点做不到,那么语文阅读教学也就是一句空话。

因此,当我们在词类知识中选择教学知识时,我们的原则是:语义优先,表达优先,知识优先。

语义优先的"语义"包括词义、语法意义、语义关系、语义关联等方面的知识。

表达优先的"表达"包括词语在篇章、语段、语句、结构中的表达作用和表达功能,以及在日常交际中的作用。

知识优先中的"知识"指的是语法知识之外的百科知识,包括文学知识、历史知识、科普知识等,这一原则可以充分发挥语文学科综合性的特点。

下面我们结合中学语文教学的情况,对各个词类教学知识的选择和调整,以及教学方面的问题谈谈我们的看法和建议。

2.3 名词词类知识及其教学建议

基于语义优先的选择原则，我们认为以下几个方面的知识可以在中学语文教学中讲授：

1. 名词语义的整体性

名词表示人和事物、空间和时间。人和事物都是一个个的整体，空间是由长、宽、高以及不同的地理因素构成的，时间也是由不同的时间单位和不同的时间坐标构成的。人和事物、空间和时间都可以作为一个整体进行分解，得到不同的构成部分和因素，从而形成整体—部分关系。词义是客观事物的反映，是人们对客观事物认知的结果。词义在反映客观事物的同时，也同时获得了词义的整体性，同时也建立起整体性词义和它所包容的部分性词义成分之间的语义关系，这就是整体—部分语义关系。这种语义关系是最普遍、最常见的语义关系之一。

那么，认识到名词语义的整体性对中学语文阅读教学有什么意义呢？在中学语文阅读教学实践中，老师们可能或者已经发现这样一个现象，那就是：中学语文教材中课文篇名大部分都是名词或名词性成分。这是为什么呢？就是因为名词语义的整体性。正是因为名词语义的整体性，所以名词的语义具有较强的包容力和涵盖力。而较强的包容力和涵盖力是文本标题应该具备的条件之一。一个"春"字，包含了春风、春日、春山、春水、春草、春花、春雨、春夜……，涵盖了春天的原野、春天的鸟儿、春天的人们、春天的各种形态和精神。标题的包容力和涵盖力，由此可见一斑。

认识到名词语义的包容力和涵盖力，那么我们在进行阅读教学的时候，可以通过文本的标题的语义分析，引导学生对全篇语义的把握，大幅度地提高学生的联想、延伸、把控文本、语篇的能力，这就是我们正在探索的"标题解析和语义诱导启发式教学法"。这种教学法是真正的启发式教学，在教学实践中收到了较好的效果，反过来说，如果同学们经过教学、学习和实践掌握了这种方法，掌握了标题和文本内容的整体-部分语义关系，那么，他们就可以把这方面的知识逆向操作，运用于写作。对于各种形式的命题作文，他们可以根据所命文题对要写的作文做整体规划和设计。这样做至少对三个方面有好处：一是可以提高作文的整体性，二是可以提高作文的层次性，三是可以提高写作的速度。

2.名词语义的多样性

名词语义的多样性也是来自名词语义的整体性。一个人（或者一类人），一个事物（或者一类事物）具有多方面的属性和特点。这些属性和特点经过人们的认知，有的转化为词语的理性意义，其余的则转化为词义中的附加意义。一般来说，词语的理性意义相对贫乏，而词语附加意义相对丰富。这是因为，理性意义是由事物的本质特征转化而成，而附加意义则是由事物多方面的属性、特征和状态转化而成。这些附加意义在一定的条件下，借助于一定的句法结构或修辞手法，能够显现出来。名词在这方面表现得尤为突出，其原因就是名词语义的多样性。例如"火"这个名词的理性意义是"物体燃烧时所发的光和焰"（《现代汉语词典》），而"火"的附加意义则是多方面的。请看下面的例子：

如火如荼（盛壮、热烈）
朝霞似火（赤红、绚丽）
性烈如火（暴烈）
天如火，水似银（炎热）
青春似火（旺盛、蓬勃）
军情如火（紧迫、危急）
激情如火（热烈、跳荡）
心急如火（灼热、焦躁）

可以看到，名词"火"的多样的附加意义通过不同的比喻结构被提取出来。

另一方面，不同的词语也可以含有相同的附加意义，人们也可以从不同的词语中抽取相同的附加意义，使表达丰富多彩。比如，要形容"快"，我们有"如箭、如鹰隼、如流星、如闪电、如疾风、如脱兔、如子弹"等；要形容"慢"，我们又有"如蜗牛、如乌龟、如老牛、如肥鹅"等。丰富的附加意义，表达了事物千姿百态的形貌，绚丽斑斓的色彩，细致微妙的情感，千差万别的特性，可以让人们对事物进行多侧面、多角度的立体描绘。因此，掌握了名词语义的多样性，对于写作表达是很有帮助的。

下面这些常见的词语一般都含有较丰富的附加意义，或者说，具有较强的语义多样性。

(1)天文地理词语，例如：日、月、星、天、地、山、石、河、海、水、火、风、雨、雷、电、云、雾、霜、雪。

(2)常见动物词语，例如：生肖词语、狮、豹、熊、狼、狐、猫、驴、鹰、天鹅、鹅、蚕、鲨鱼、鳄鱼。

(3)常见植物词语，例如：林、草、花、松、竹、梅、兰、菊、莲花、牡丹、玫瑰、映山红。

(4)常见物质量器具词语，例如：钢、铁、棉、油、刀、枪、剑、镜子。

(5)常见人物词语，例如：诸葛亮、关羽、张飞、秦琼、花木兰、穆桂英、武松、黄忠、岳飞、江姐、雷锋。

请根据名词语义的多样性分析思考下面的问题：

第一个问题：请分析下面例子中名词"阳光"的语义。

他是个阳光男孩儿。/你要阳光点儿！/我们的生活充满阳光。/他的微笑像冬日的阳光。

第二个问题：请分析下列"很+名词"结构的语义显现情况。

很阳光/很现代/很新潮/很绅士/很淑女/很广东/很中国。

3. 名词的形象意义和成象作用

"象"是人们对具体事物的形体特征进行认知而形成的概括的图形。认知的初级阶段，人们形成的是比较简单的表象。在以后的认知过程中，表象通过精细化、扩充、组合等程序，逐步形成更为高级的形象。在这个过程中，名词起着重要的作用。这是因为，名词表示人和事物，形容词表示性质、状态，动词表示动作行为，相对来说，人和事物相对具体，自身都具有一定的图形，这样，表示人和事物的名词就比较容易获得形象意义；而性质状态、动作行为则相对抽象，并且必须依附于一定的主体，也就是一定的人和事物，同理，表示性质状态、动作行为的形容词和动词要具有形象意义，就要借助于名词的成象功能。

这里需要说明一下，不是所有的名词都有形象意义。这取决于两个方面：一是事物的形象是否突出显眼，二是人们认识事物时对事物形象的关注程度。试比较下面的例子：

汗——汗水——汗珠

书——书籍——书山

我们把具有形象意义的名词和名词性语素合称为形象词语。形象词语不仅具有形象意义，还可以把没有形象意义的词语转化为有形象意义的词语。形象词语的这一转化作用我们称为成象作用。

形象词语表示的事物具有较为鲜明的形象性。鲜明的形象性是表达的基本要求之一，它要求对表达对象的形象有较高的凸显度。鲜明的形象性可以分为物象、意象、性象、动象四个方面。

物象：具体的人和事物的形象。

意象：抽象的事物的形象。

性象：性质状态的形象。

动象：动作、行为的形象。

表达时要做到形象的鲜明性，表达手段之一就是运用形象词语。

例如，常用的物象词语有：

雨丝、雨幕、泪珠、泪花、雪花、棉花、烛泪、汗珠、夜幕、月牙、脑海、书山、浪花、麦浪、声浪、林海、花海、星海、火海、云海、人海、沙海

常用的意象词语有：

情丝、思潮、愁云、怒火、心扉、心弦、欲火、学海、苦海、欢乐的海洋、幸福的漩涡、痛苦的深渊、愤怒的烈火

常用的性象词语有：

雪白、漆黑、笔直、碧绿、火热、冰冷、玫瑰红、香蕉黄、苹果绿、孔雀蓝

红通通、蓝莹莹、白花花、青凌凌、雄赳赳、羞答答、怒冲冲、喜洋洋

热浪、暖流、寒流、寒潮、沉甸甸、轻飘飘、硬邦邦、软绵绵、香喷喷、臭烘烘

常用的动象词语有：

龟缩、兔脱、鼠窜、蛇行、虎视、雀跃、鹤翔、凤舞、龙腾虎跃、鲸吞牛饮、狼奔豕突

4. 处所名词词类知识及其教学建议

处所名词的语义功能是表达空间，通俗地说就是表示地点。处所名词表示的地点大致分为两类：

(1)特定地点，例如：亚洲、中国、广州、黄山、长江、通县、北大、图书馆、教室、宿舍。

(2)相对地点，例如：上边、里头、前方、当地、路口、野外、乡下、民间、远处、附近。

关于处所名词，下面的知识可以在中学词类教学中酌情讲授。

A. 处所概念的分解和处所的具体化。

"处所"是一个大概念，它还可以分解为更具体的地点。例如：现场、起点、途径、目标、终点等。同处所概念的分解相对应的就是处所成分在语言中的具体化，即表示各种具体的处所。

处所成分的具体化一般通过时空介词来实现。时空介词不仅可以把时空成分(词语、词组)引入句子，而且还可以标明时空成分的语义性质。时空介词的这一功能一般称为标记功能。所以，有人也把时空介词叫做时空成分的标记——时空标记词。

根据时空介词的标记功能，时空介词可以分为如下几个小类：

现场介词、当时介词，例如：在、于、当、当着；

起点介词，例如：从、自、自从、打、由；

途径介词，例如：沿着、顺着、经、从；

终点介词，例如：到、至；

方向、目标介词，例如：朝、向、往、对；

机会介词，例如：趁、趁着。

"在／于＋处所"格式中的处所名词一般表示"现场"，也就是动作行为变化发生的地方。例如：在广州举办博览会／在操场打球／在教室看书／于无声处听惊雷／于细微处见功力。

"从＋处所"格式中的处所名词一般表示"起点"，也就是动作行动开始的地方。例如：从广州出发／从北京起飞／你从哪里来？

"经／过／经过／沿着＋处所"格式中的处所名词一般表示"途径"，也就是行动经过的地方。例如：京广线从北京起经郑州、武汉、长沙到达广州。／我沿着山路上哨所。／从我家到学校，中间要经过时代广场。

"朝／向／往＋处所"格式中的处所名词一般表示"方向"和"目标"，也就是行动变化的去向或朝向的地方。例如：往前看／朝右拐／向后转／刘邓大军渡过黄河，向大别山挺进。／长江蜿蜒万里，奔向大海。／朝着新时代迈进。

"到＋处所"格式中的处所名词一般表示"终点"，也就是行动变化终止的地方。例如：从北京到广州／我国的宇宙飞船可以飞到火星。／到国外读书很时髦。

"趁（着）＋时间成分"格式中的成分一般表示"机会、机遇"，也就是动作行为凭借、借助的时间。"机会"时间的表示一般要加上"……的时候"进行转化，也可以不加。例如：趁年轻（的时候）多学点儿本事／趁着老师不注意（的时候）做个鬼脸儿／趁着雨停（的时候）快走。

在上面各例中可以看出，处所成分分别具体化为现场、起点、途径、目标、终点、机会等成分。

处所的具体化以后，处所成分和动词的搭配也要随之而变化。这一点我们可以通过下面这个例子来观察一下：

当年，中央红军从瑞金出发（起点），突破四道封锁线（途径），强渡湘江（途径），在遵义（现场）召开了遵义会议，确立了毛泽东的正确领导，然后四渡赤水（途径),强渡乌江天险(途径),渡过金沙江(途径),翻越夹金山(途径),走过人迹罕至的草地(途径),向陕北前进(目标),最后胜利到达了陕北。(终点)。

让我们来欣赏一段主要由处所词构成的歌词:

横断山,路难行。
敌重兵,压黔境。
战士双脚走天下,
四渡赤水出奇兵。
乌江天险重飞渡,
兵临贵阳逼昆明。
敌人弃甲丢烟枪,
我军乘胜赶路程。
调虎离山袭金沙,
毛主席用兵真如神!

在上面动态、跳跃、欢快的表达中,处所词的作用是必须的。

B.处所名词的生命化和语义的整体性。

处所名词的基本表达功能是表示处所,但是在一定情况下,通过一定的语言手段,人们可以把处所名词生命化,并表达其整体语义。这一点也和名词语义的整体性是一致的。请看下面的实例分析。

杭州欢迎你!

G20峰会在中国杭州召开。"杭州欢迎你!"是主办地杭州的口号。我们觉得,从处所名词的生命化和语义的整体性这两个角度来解读这个口号,可以得到比较满意的答案。

用生命化的说法来解读"杭州欢迎你!"这一口号,我们应该这么理解:"杭州"整个城市都已经生命化了,"杭州"是杭州全体人民、杭州的山山水水、杭州的美景、杭州的美食、乃至于杭州的一草一木的整体的化身，当然也是包含生命活力的。你看：六合挺雄姿，西湖展倩容，接天荷叶无穷碧，映日荷花别样红。芳草萋萋，垂柳多情。杭帮佳肴倾海客，龙井馨香留梦中。杭州山水美如画，杭州人民更热情。来吧，来吧，五洲四海的宾客，杭州欢迎你！

值得注意的是：处所名词的生命化的用法早已扩展开来。早在2008年中国举办奥运会时喊出“北京欢迎你！”之前，就有了“黄山欢迎你！”“北大欢迎你！”（迎新生口号）等。我们应该对这种语言现象有完整准确的解读。

最后顺便说一下，根据我们上面的解读，把“杭州欢迎你！”翻译成“welcome to Hangzhou!”，那丢失的信息就太多了。

5. 时间名词的循环性

时间名词是名词中比较特殊的小类。时间名词的特殊性表现在以下几个方面：

A. 时间名词表示时间。这里所说的时间指的是时点，也就是时间轴上的时间坐标。例如：

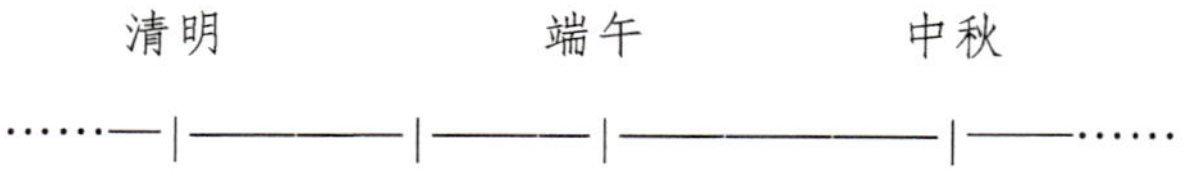

B. 时间名词之间的语义关系是循环语义关系，同时还具有层级关系。如下所示：

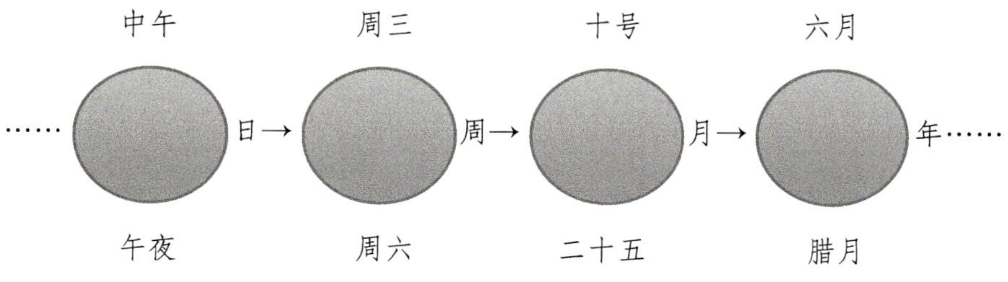

时间名词以其循环性和层级性，表达了时间的无始无终的特点。

6. 方位名词和方位系统、语言世界

方位名词表示的是人类经过认知而形成的方向定位系统，这个系统是空间系统的一部分，同语言的空间表达有密切的关系。

方位系统可以分为两个分系统：

第一方位系统，也称人体方位系统，是人类以自己的身体为核心最先确定的方位系统：两眼平视，形成一条视线，高于这条视线为“上”，低于这条视线为“下”；左手为“左”，右手为“右”；面对的方向为“前”，背对的方向为“后”；肚皮里面是“里”“中”或“内”，肚皮外面是“外”，这个系统以后又运用“-边、-面、-方、-头”进行了扩充。

第二方位系统，也称太阳方位系统，是人类以太阳和地球的相对位置为参照确定的方位系统：日出的方向为“东”，日落的方向为“西”，日中的方向为“南”，与“南”相对的方向为“北”。此为四面。四面之间又有四方：东南、西南、西北、东北，合起来为四面八方。四面八方之间再划分，又可以得到八向：东南东、东南南、西南南、西南西、西北西、西北北、东北北、东北东。第二方位系统以后也运用“-边、-面、-方、-头”进行了扩充。

方位名词形成的词语聚合是同心结构，它们之间的关系是同心语义关系。如下所示：

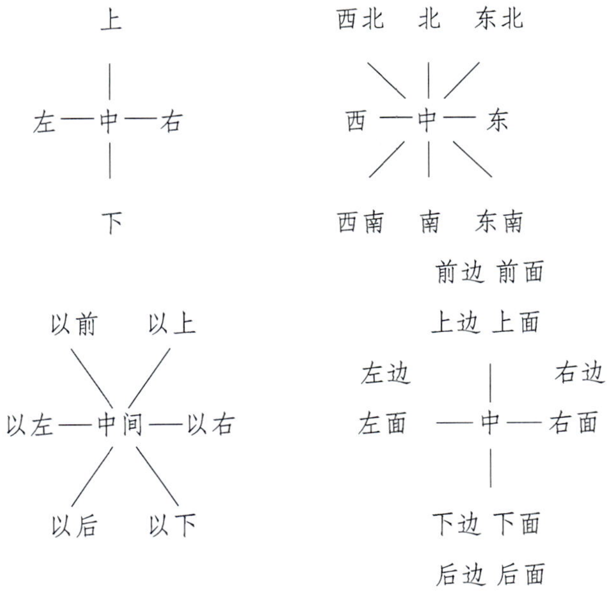

这里顺便说明一下“语言世界”这个概念。

什么是语言世界？语言世界就是我们用各种自然语言表达、描述的世界。这种世界和我们经常体会到、感觉到的世界并不完全一致。如果把我们日常体会、感觉到的世界叫作“物理世界”的话，那么“物理世界”和“语言世界”是不同的。试比较下面两种表达：

在物理世界中，对于一个平面上的两个点A和B，如果A在B的上面，那么我们也可以说B在A的下面。如下所示：

A

B

这是数学几何教科书的表述，它表达给我们的是物理世界。

但是在语言世界中，情况是不同的。例如，一双拖鞋在床的下面，或者说床下面有一双拖鞋。但是，我们一般这么表达：

床下有一双拖鞋。

但是几乎不这么说：

拖鞋上面有一张床。

7.“上、中、下”的语义引申和句法隐喻

“上、中、下”是常见、常用的三个方位名词，它们在实际运用中并不仅限于表示方位，通过语义引申和句法隐喻，还可以表示范围、过程、情状、条件等。

实例分析：

指出下面例子中的“上、中、下”表示的意义。

桌子上、床上——墙上、脸上、脚板上，天花板上——学习上、生活上、军事上、经济上——国际上、网络上。

杯子中、箱子中——家中、学校中、城市中——中学教师中、羊群中、树林中——水中、沙漠中、大雨中——困难中、危急中、幸福中。

屋檐下、树下、山下——压力下、烈日下、刀下——压迫下、统治下、欺压下——监督下、威胁下、打击下——指挥下、命令下、领导下——号召下、教导下、督促下——关心下、帮助下、乞求下——在群众的要求下、在人民的拥护下、全班同学的推举下——这种情况下、这种条件下。

“上”引申的机制是平面隐喻。“中”引申的机制是容器隐喻。“下”引申的机制是力的隐喻。

2.4 形容词词类知识及其教学建议

关于形容词,我们认为以下几个方面的知识可以在中学语文教学中讲授:

1. 形容词的表达功能

形容词的表达功能主要是三个方面,这就是修饰、描述和评价。

形容词的语义主要是表示人和事物的性质和状态,这是所有的形容词一致的地方。之所以区分为修饰功能和描述功能,主要是根据在实际运用中所处的位置。一般说来,处于定语、状语位置上的形容词表示修饰,而处于谓语、补语位置上的形容词表示描述。

形容词的另一个重要的表达功能就是评价。形容词本身就是一个巨大的评价系统,带有强烈的主观色彩;人们的主观感情色彩(也就是词义的褒贬)在形容词中表现得最突出。阅读课文时,可以根据褒贬形容词的使用情况,判定作者对有关人物、事件的感情态度。

2. 形容词的生动形式

形容词根据能否受程度副词“很”的修饰,分为两类:能受“很”修饰的是性质形容词,不能受“很”修饰的是状态形容词。状态形容词之所以不受“很”的修饰,是因为状态形容词自身就包含着程度意义。所以,状态形容词的表达能力要比性质形容词强。因此,也有人把状态形容词叫做生动形容词,或者叫做形容词的生动形式。

状态形容词有如下几种形式:

①AB。例如:通红、碧绿、喷香、贼亮、笔直、火热、冰冷、严寒、酷热。

②AA的。例如:红红的、绿绿的、圆圆的、大大的、瘦瘦的、细细的、冷冷的。

③AABB的。例如:漂漂亮亮的、干干净净的、舒舒服服的、恭恭敬敬的。

④ABAB的。例如:雪白雪白的、蜡黄蜡黄的、冰凉冰凉的、滚烫滚烫的。

⑤A里AB的。例如:糊里糊涂的、土里土气的、古里古怪的、洋里洋气的。

⑥A不CD的。例如:白不呲啦的、灰不溜秋的、紫不拉叽的、红不棱登的。

⑦ABB的。例如:红通通的、白亮亮的、晃悠悠的、恶狠狠的。

值得注意的是⑦类词。这类词中有叠音词缀,属于构词层面。叠音词缀表示的大多是感觉方面的意义,这是叠音词缀的表义特点。叠音词缀具有较强的表现能力,可以表现出鲜明的色彩、细微的感受等。下面是一些常见的词例。

表现色彩的:红通通、红艳艳、红彤彤、绿油油、蓝莹莹、黄澄澄、金灿灿、白生生、白花花、青凌凌、灰蒙蒙、明晃晃、亮堂堂、黑乎乎、黑压压。

表现感觉的:沉甸甸、轻飘飘、空荡荡、水灵灵、水汪汪、干巴巴、硬邦邦、软绵绵、肉乎乎。

表现形象的:毛茸茸、直挺挺、平展展、圆溜溜、圆滚滚、胖乎乎、孤零零、光溜溜。

表现味觉的:甜丝丝、酸溜溜、香喷喷、辣乎乎、火辣辣、苦歪歪、脆生生、臭烘烘。

表现温度的:冷冰冰、凉冰冰、冷飕飕、暖洋洋、暖烘烘、温乎乎、热乎乎、热辣辣。

表现表情的:喜盈盈、恶狠狠、假惺惺、羞答答、怒冲冲、乐洋洋、乐陶陶、笑哈哈、笑盈盈、笑嘻嘻、笑眯眯。

3.形容词的语义分类

形容词是三大实词之一,其重要性不亚于动词。不过,在中学语文教学中,涉及形容词的教学则比较粗疏。比较明显的就是对形容词词义的细化不够。

所谓词义的细化,就是对一定的词类从词义角度分出更小的类。例如,在形容词词类中,陈述、修饰人的形容词数量很多。根据形容词对人修饰因素,可以分为更细的小类。下面是陈述、修饰人的形容词再分类的大致情况:

修饰品德(品性道德)的,例如:高尚、卑贱、善良、残忍、公正、偏私、诚实、虚伪等。

修饰智能(才智能力)的,例如:聪明、愚蠢、能干、无能、内行、外行、熟练、生疏等。

修饰情态(情绪态度)的,例如:激动、冷静、热情、冷淡、喜悦、愤怒、痛苦、快乐、忧愁等。

修饰感觉的,例如:敏感、迟钝、舒服、难受、好看、悦耳、可口、可乐、可爱、可怜、鲜艳、响亮、迅速、缓慢、漫长、短暂、辽阔、奇怪、幸运、倒霉、安全、危险等。

修饰体貌(形体容貌)的,例如:高大、矮小、肥胖、瘦削、挺拔、苗条、美丽、秀丽、丑陋、庄重、轻浮、时髦、落伍、文雅、粗俗等。

修饰关系的,例如:和谐、融洽、和睦、团结、紧张、亲密、密切、疏远、正常、反常等。

修饰整体的,例如:优秀、良好、一般、平平、难得、宝贵、杰出、平常、低劣等。

这几个大类下面还可以再分出更细的小类。例如"感觉"这类形容词就可以再分为"视觉、听觉、嗅觉、味觉、触觉、动觉"等形容词小类。

形容词的语义分类对于加深理解的深度,提高理解能力是很有帮助的。例如:

分析下列例子中修饰语的区别,指出它们的表达作用。

美丽的姑娘

可爱的姑娘

热情的姑娘

苗条的姑娘

善良的姑娘

聪明的姑娘

优秀的姑娘

上面例子中的修饰语都是形容词。如果从形容词这个大类的层面来分析,我们是分析不出上述例子的修饰语的区别的。但是,如果进一步深入到小类的词义层面,就会有所发现。

例如,"美丽"是人们对女子相貌的评价,虽然也有感觉的成分,但更多的表达的是视觉的评价，通俗地说就是“长得很美”。而“可爱”表达的更多的是主观内心的感觉，姑娘不一定很美，但是让人觉得很可爱。而“美丽”不一定是“可爱”的必要条件。美似天仙但冷若冰霜的姑娘是不会让人觉得可爱的。其他的例子中的修饰语，“热情”显示姑娘对待他人的状况，是对态度的评价。“苗条”描述的是姑娘的形体特点，是体貌方面的评价。“善良”是品德方面的评价，“聪明”是智能方面的评价，“优秀”是整体性的评价。

修饰语的变化，实际上是我们对我们的表达对象从不同的角度进行不同的评价。这些评价反映了不同的评价视点和评价的不同侧面，也体现了评价语（修饰语）的语义性质和语义层次，据此，我们就可以分析出评价语评价的角度和方面。比如，当我们听到“能干的姑娘”时，一定是认为这个姑娘能力很强，而不会认为这个姑娘心肠很硬。

实例分析：

他（皇帝）居住的那个大城市里，生活是轻松愉快的。（《皇帝的新衣》）

“生活是轻松愉快的”这句话中“轻松”“愉快”两个形容词谓语陈述说明的其实是生活在那个大城市里的人们，而不是说“生活”。这样分析主要依据两点：

第一点，“轻松”“愉快”这两个形容词表示的都是人的感受和心情，换句话说，“轻松”“愉快”是用来描述人的，正像“巍峨”是用来描述高山的，“湍急”是用来描述流水的一样。

第二点，“生活”是人和人的群体的活动和行为，“生活”的主体是“人”。没有人，也就没有了生活，当然也就无所谓“轻松”“愉快”了。

通过上面这个例子的分析，我们应该注意：形容词和修饰的主体之间的语义关系。

实例分析：

曲曲折折的荷塘上面，弥望的是田田的叶子。（《荷塘月色》）

例句中的“曲曲折折的荷塘上面”需要进行解析。如果我们在阅读理解时对

“曲曲折折的荷塘上面”没有感觉，那就说明我们的思维是有问题的，我们的理解也是粗疏的，而不是精细的。为什么呢？

我们首先来检索“曲曲折折”的词义：

【曲折】①弯曲：沿着池塘有一条曲折的小路。(《现代汉语词典》第7版1076页)

《现代汉语词典》中没有“曲曲折折”的释义，因为“曲曲折折”是形容词“曲折”的重叠形式。这就需要从句法语义上给出相应的解释说明。根据现代汉语形容词重叠形式研究的成果，形容词的重叠形式可以增加程度意义，同时还从表示【性质】【静态】意义改变为表示【状态】【动态】意义。

对于“曲折”这个形容词，我们一般理解为一维形容词，即“曲折”形容的对象一般都是一维的、线性的事物。例如《现代汉语词典》的例句：一条曲折的小路。其他如：曲折的路线、曲折的海岸线等。然而，文本中“曲折”的重叠式“曲曲折折的”修饰的却是“荷塘”。下面的层次分析可以证明：

(1)曲曲折折的荷塘　上面　　　(2)曲曲折折的　荷塘上面

正确的分析只能是(1)。

我们对“荷塘”的空间形体认知是：“荷塘”是一个面，是二维的，而不是一维的。例如：半亩方塘一鉴开／一口池塘。此外，方位词“上面”的使用(荷塘上面)说明“荷塘”是二维的。下文有“这些树将一片荷塘重重围住”，“一片荷塘”也证明荷塘是一个面，而不是一条线。

当然，“曲曲折折的”也不是只能修饰一维的、线性的事物，它也可以修饰二维的、平面的事物。例如：曲曲折折的黄河上面／曲曲折折的小路上面。不过，“曲曲折折的黄河”“曲曲折折的小路”都有一定的长度和宽度，而“荷塘”只有二维的面积，却没有一维的长度。这样，问题就出现了：“曲曲折折的荷塘”到底该怎么认识？或者说该怎么解释呢？如果“曲曲折折的荷塘”是个语义矛盾的组合，那么我们就应该向学生指出来，避免再出现“曲曲折折的北海／太湖／西湖／青海湖”类似的组合。如果“曲曲折折的荷塘”是一个可以理解、可以解释的组合，那么就应该给出相应的解释，而不能对学生说什么“看似不通，实则通顺”这类不负责任的话。

我们的解析是这样的：

形容词“曲折”的重叠形式“曲曲折折的”和“荷塘”虽然在形式上组合为“曲曲折折的荷塘”，但是“曲曲折折的”语义上联系的不是“荷塘”，而是“荷塘”的边缘线——荷塘是一个不规则的平面，它的边缘线不是直线的，而是“曲曲折折的”；那么，作者的“曲曲折折的荷塘”的感觉从何而来的呢？——因为作者在散步（“背着手踱着”），在绕着荷塘曲曲折折的边缘线走，这才有了“曲曲折折的荷塘”的感觉。“曲曲折折”重叠后所增加的“动态”的语法语义也印证了作者的行动和感觉。

形式组合和语义联系不是一回事儿。例如：张三瘸了。“瘸了”在形式上和“张三”组合，但是在语义上却是和“腿”联系（腿瘸了）。这就是句法结构中的“语义隐含”，正如“曲曲折折的荷塘”隐含了“边缘线”一样。

形容词词义的细化是有价值的。在阅读方面，可以让同学们准确地理解词语、话语的意义；在表达方面，可以让同学们准确地选择恰当的词语进行写作或交流。

2.5 动词词类知识及其教学建议

关于动词，我们认为以下几个方面的知识可以在中学语文教学中讲授：

1. 动词语义的关联性

动词的词义是表示动作行为，而一个动作行为的发出涉及多方面的因素。我国著名的语义学家符准青先生通过对表动作行为词的语义分析，得出表动作行为动词的语义构成的最简模式。如下图（有简略）所示：

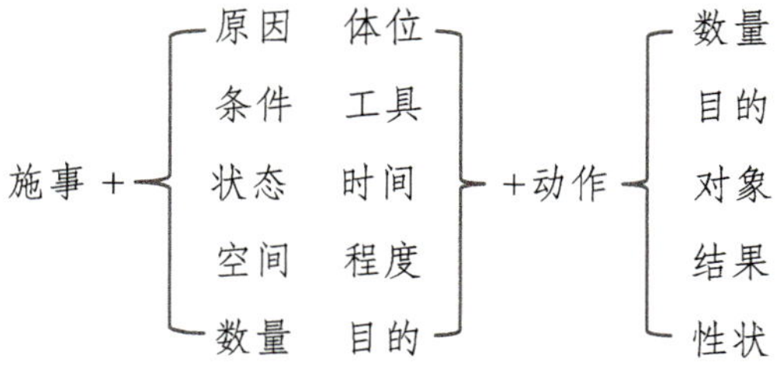

上图中的“施事、原因、工具”等都是语义成分，或曰语义因素。上述动词的语义结构模式图说明一个动作行为包含着上述因素，或者说涉及上述因素。通过对一个动词的语义特点和结构模式的分析，可以建立起动作行为同相关因素的联系，然后我们通过具体的语句把动词同这些因素的联系显现出来，使动词的语义关联性得到具体化、现实化。

例如，《散步》是一篇课文的题目。散步是日常生活中再平凡不过的事：不就是随便走走吗？有什么好写的？如果让同学们以“散步”为题写一篇作文的话，估计大部分同学都会有“不好写”或“无话可说”“没东西可写”的感觉。不过，如果同学们了解了“动词词义的关联性”这方面的知识，或许对“散步”这个题目会有新的认识和理解。

依据动词词义的关联性理论和关联模式，我们把“散步”的词义关联性具体化：

施事(行动的主体)：谁散步？一个人、一家人还是一群人？人的情况如何？心情如何？

空间：在哪儿散步？环境如何？景色如何？

时间：什么时候散步？天气如何？冷暖如何？

方式：怎么散步的？是小快步还是小慢步？是集体活动还是分散行动？

原因和目的：为什么散步？什么原因促成了这次散步？要达到什么目的？

结果：散步的结果如何？高兴吗？快乐吗？有什么感觉？有什么收获？

如果有了上面这些关联因素作为“散步”这篇作文的内容，同学们还会觉得“不好写”“无话可说”“没东西可写”吗？

掌握动词的词义，重要的就是掌握“动词语义的关联性”。如果同学们形成了动词词义关联的基本框架和相应的词义关联具体化的操作机制，那么无论是对于阅读理解，还是对于表达写作，以及解决其他方面和动词有关的问题，都是有好处的。

2.动词语义的过程性(整体性)

如果说，名词的语义特点是空间性和离散性，那么动词的语义特点就是时间性和连续性。动词的时间性是说动词表示的动作行为变化等都是在时间中进行的。动词的连续性是说动词表示的动作行为变化等由若干动点、步骤、阶段等连接而成。时间性和连续性结合起来，就是动词的过程性。动词的过程性实际上也是一种语义整体性。动词语义的整体性主要表现为过程性和涵盖性。

实例分析：

冬天的百草园比较的无味；雪一下，可就两样了。拍雪人和塑雪罗汉需要人们鉴赏，这是荒园，人迹罕至，所以不相宜，只好来捕鸟。(《从百草园到三味书屋》)

怎么捕鸟呢？不知道。一定很有趣吧？要不为什么不说别的，单说捕鸟呢？接下来，作者分候时、设陷、置器、伺机、出手五个步骤对“捕鸟”进行解释说明：

(1)候时——薄薄的雪，是不行的；总须积雪盖了地面一两天，鸟雀们久已无处觅食的时候才好。

(2)设陷——扫开一块雪，露出地面，下面撒些秕谷。

(3)置器——用一支短棒支起一面大的竹筛来，棒上系一条长绳，人远远地牵着。

(4)伺机——看鸟雀下来啄食，走到竹筛底下的时候。

(5)出手——将绳子一拉，便罩住了。

作者对“捕鸟”的解释说明，既层次清楚，又环环相扣。

把“捕鸟”这件事分解为几个步骤(或者环节、阶段)，然后按先后顺序逐步叙述说明，这样就可以做到前后连续，环环相扣；条理清楚，层析分明。因此，我们要通过教学让同学们掌握动词的过程性，学会对具有过程性的事件进行分解，并形成较清晰的“步骤”“阶段”概念。这样，同学们作文的展开、叙述能力会得到提高，其条理性和层次性也一定会得到提高的。

动词在语义上同样存在涵盖性，也即概括层次的区别。请看一道练习题：

请对“大家在运动。”这句话进行分解说明。

如果这样回答：

大家在运动——张三在运动，李四在运动，王五在运动，赵六在运动。

估计大家对这个答案是不满意的。因为这个答案只是对“大家在运动。”这句话中的“大家”作了分解说明,而对“运动”却没有分解说明,所以答案是不圆满的。可以修改如下:

大家在运动——张三在打球,李四在游泳,王五在跑步,赵六在跳绳。

在真实文本中,像“运动——打球、游泳、跑步、跳绳”这样的语义关系并非少见。

3.动词的表达功能

动词的表达功能主要是陈述和关联:“陈”是铺陈,基本上是静态的;“述”是叙述,是动态的。现代汉语中的存在句是描述空间存在状况的重要句式,句中的动词基本上都是表达静态的存在的。《故乡》这篇课文中就有很多静态的存在句。例如:

苍黄的天底下,远近横着几个萧索的荒村,没有一些活气。

深蓝的天空中挂着一轮金黄的圆月。

(闰土)头戴一顶小毡帽,颈上套一个明晃晃的银项圈。

海边有如许五色的贝壳。

闰土心里有无穷无尽的稀奇的事。

在斜对门的豆腐店里确乎终日坐着一个杨二嫂。

我们之间已经隔了一层可悲的厚障壁了。

他只是摇头;脸上虽然刻着许多皱纹,却全然不动。

动作行为动词是动词中的一个大类。动作动词和行为动词还是有区别的,不能一概而论。动作动词表示的是动作,一般比较具体、定型,有特定的肢体部位,特定的动作特点,例如手部动作。而行为动词表示的是行为,行为一般根据对象、原因、目的、方式等因素来确定,没有固定的模式。例如“服务”这个行为动词,其词义是“为集体、他人的利益或为某种事业而工作”(根据对象、目的而确定),但是服务的行为模式是多种多样的。

动作动词比较具体,其表达功能主要通过动作描述,刻画表现人物或动物。

行为动词表示的大部分都是社会行为,一般都要涉及行为的双方,以及行为的原因、目的、方式等因素,阅读时要注意行为动词所表达的彼此之间的地位、关系、情感等。

实例分析:

扫开一块雪,露出地面,用一枝短棒支起一面大的竹筛来,下面撒些秕谷,棒上系一条长绳,人远远地牵着,看鸟雀下来啄食,走到竹筛底下的时候,将绳子一拉,便罩住了。(《从百草园到三味书屋》)

上面这段话使用了一连串的动作动词,清晰、生动地描述了雪地捕鸟的过程。

听人家背地里议论,孔乙己原来也读过书,但终于没有进学,又不会营生,于是愈过愈穷,弄到将要讨饭了。幸而写得一笔好字,便替人家钞钞书,换一碗饭吃。可惜他又有一样坏脾气,便是好吃懒做。坐不到几天,便连人和书籍纸张笔砚,一齐失踪,如是几次,叫他钞书的人也没有了。孔乙己没有法,便免不了偶然做些偷窃的事。但他在我们店里,品行却比别人都好,就是从不拖欠。(《孔乙己》)

上面这段话使用了一系列的行为动词,清楚地交代了孔乙己从读书到堕落的过程。

发展变化动词是动词中的一个小类。发展变化动词表达的是一个过程。不同的发展变化动词表示的是一个过程中的一个阶段(或一个步骤)。以写作为例,过去写作八股文的步骤是“起、承、转、合”。这四个动词就是写作的发展变化。掌握发展变化动词的过程性,可以让同学们对一个完整的过程从预备、筹划、筹备,然后到实施、执行、开始,再到进展、发展、前进,其中又有调节、调整,到最后完成、结束、竣工,会有一个完整的、整体性的认识。这种整体性的认识是一种很好的思维训练,对于同学们今后的学习和工作都是很有意义的。

能愿动词(助动词)是动词中的一个小类,表示的意义是可能、意愿、道义等,在句中经常做状语,构成模态陈述(关于可能世界的陈述),表达一定的意愿、愿望、祝祷等。例如：

人们劝他回去，他只说了一句话："我不能走。"

中国男儿，要将只手撑天空。

如果稼先再次选择他的人生的话，他仍会走他已走过的路。

仁厚黑暗的地母呵，愿在你怀里永安她的魂灵！

注意：使用能愿动词构成的陈述并不是现实的陈述，而是对可能世界的模态陈述。模态陈述是一种主观态度的表达，并不是现实世界的真假。

趋向动词有以下几种。

主观趋向动词，例如：来、去。

客观趋向动词，例如：上、下、进、出、回、开、过、起。

复合趋向动词，例如：上来、下去、进来、出去、回来、开去、过来、起来。

趋向动词是动词中的一个小类。趋向动词经常做补语，表示动作行为、性质变化的趋势和方向，状态和动态。

实例分析：

山朗润起来了，水涨起来了，太阳的脸红起来了。(《春》)

上面例子中的"朗润""涨""红"是形容词或动词，在上面句子中表示一种状况，而趋向动词"起来"附着在形容词或动词后面，表示状况发展变化的状态，这种状态是一种复合状态，表达的是"起始—延续"态，意思就是：一种状态开始出现，并且还将延续下去。"山朗润起来了。"这个句子表达的意思是：山开始变得朗润，并且还将继续朗润下去。"水涨起来了""太阳的脸红起来了"表示的意思也相同。

"起始—延续"态是一种刚刚开始、并且继续渐进的状态。表示"起始—延续"态的趋向动词还有"下来、下去"。例如：

灯光渐渐地暗下来了。

房间里的温度渐渐地降下来了。

敌人一天天烂下去，我们一天天好起来。

2.6 副词词类知识及其教学建议

2.6.1 副词的分类

根据副词的语义特点和语法功能，副词可以分为如下几个小类：

（1）**程度副词**。程度副词表示性质、状态、情感的程度，多用于修饰形容词和心理动词。程度副词又可以分为四个小类：

a.极端程度副词，表示程度达到极点。例如：最、极、极其、再。

b.高程度副词，表示程度高，超过一般。例如：很、十分、非常、挺、过于、尤其、太。

c.低程度副词，表示程度低或程度轻微。例如：有点儿、还。

d.比较程度副词，表示程度超过或不如。例如：更、更加、越发、稍微、略微。

（2）**范围副词**。范围副词表示人或事物的范围。范围副词可以分为两个小类：

a.概括范围副词。概括范围副词对总体或一定范围内的人或事物进行概括，一般是往多处说。例如：都、全、净、统统／总共、一共、统共、一连／一起、一齐、一律、一概。

b.限制范围副词。限制范围副词对涉及的人或事物的范围进行限制，一般是往少处说。例如：只、单、就、光、才、仅、仅仅。

（3）**时间副词**。时间副词表示动作行为状态同时间的关系。时间副词可以分为三个小类：

a.过去时间副词。表示动作行为已经发生。例如：已、已经、曾、曾经、终于、早已、早就、刚、刚刚、才。

b.当时时间副词。表示动作行为正在进行或发生。例如：正、在、正在、还、还在。

c.将来时间副词。表示动作行为将要发生或在以后的时间发生。例如：将、将要、即将、快要、就、就要、马上、立刻、立即、顿时、就。

(4)频次副词。频次副词表示动作行为的频率或节奏。频次副词可以分为四个小类:

a.低频副词。表示频率低,次数少。例如:偶尔。

b.高频副词。表示频率高,次数多。例如:常常、经常、时常、时时、不断、往往、再三、向来、一向、一再、连连、屡次、从来、始终、总、总是。

c.节奏副词。表示动作行为变化的节奏。例如:渐渐、逐渐。

d.重复副词。表示动作行为变化的重复或连续。例如:又、还、再、也、仍然、依然、还是。

(5)情态副词。情态副词表示情态、状态。例如:忽然、猛然、陡然、公然、悍然、连忙、赶紧、悄悄、偷偷、暗暗。

(6)方式副词。方式副词表示动作行为的方式。例如:特意、肆意、大肆、亲自、竭力、大力、互相、相互、共同。

(7)语气副词。语气副词表示语气和态度,可以分为五个小类:

a.反诘语气副词。表示反问或诘问的语气。例如:岂、难道、何必、何尝。

b.追究语气副词。表示追究的语气。例如:到底、究竟。

c.估测语气副词。表示估计、猜测语气。例如:也许、大概、大约。

d.转折语气副词。表示转折语气。例如:却、可、偏偏、竟、竟然、居然、倒。

e.强调语气副词。表示强调语气。例如:简直、反正、索性、幸亏、幸而、千万、万万、果然、当然、明明、恰恰、未免、只好。

f.确认语气副词。表示确认。例如:一定、必定、必、必须、的确。

(8)否定副词。表示否定。例如:不、没、没有、别、不必、甭。

(9)处所副词。表示处所。例如:四处、处处、随处、随地。

2.6.2 副词的语义特点

副词语义的主要特点是主观性,即副词的语义带有说话人较强烈的主观认识和色彩。

实例分析:副词的主观性分析。

张三:你们大伙儿有钱吗?请借我一些,我有急用。

甲:我就十块钱。

乙:我就一百块。

丙:我就一千块。

丁:我就一万块。

上面例子中,“就”表达的语义是【主观】【少量】。

实例分析:副词的感情色彩分析。

先看下面一组例句:

我们班的学生都是优秀生。　　我们班的学生都是捣蛋虫。

我们班的学生全是优秀生。　　我们班的学生全是捣蛋虫。

我们班的学生净是优秀生。　　我们班的学生净是捣蛋虫。

通过上面例子的比较,可以看出:“净”不适宜概括含有褒义的对象。

再看下面一组例子:

凡成绩优异者一律保送,凡成绩不及格者一律不得录取。

凡成绩优秀者统统表扬,凡考试作弊者统统开除。

凡主动退赃者一概不予追究,凡顽抗到底者一概从严处理。

通过上面例子的比较,可以看出:“一律”“统统”一般也不适宜概括有褒义的对象。

实例分析:副词的前提(蕴含语义)。

前提是推论的条件。语言逻辑中所说的前提是保证一个命题(句子)的真值或正确性、合理性的条件。这个条件可以是语言的,也可以是事实的。请分析下面句子的前提:

你怎么也来啦?

你怎么又来啦?

你怎么还来呀?

根据“也、又、还”三个副词各自的语义,上面三个句子的前提分别如下:

“你怎么也来了?”的前提是:别人以前至少来过一次。

“你怎么又来了?”的前提是:你以前至少来过一次。

“你怎么还来呀?”的前提是:你以前至少来过一次,并且很可能说过不再来。

电视剧《潜伏》中有这样一个情节:马奎的老婆请求翠平要余则成帮忙救马奎,翠平对余则成问了一句话:

这么说马队长也是共产党员啦?

翠平的这句问话非常危险。因为这句问话的前提是:已知有一人是共产党。这个人当然不是天津站站长吴敬中,也不会是情报处处长陆乔山,剩下的只能是余则成!如果吴敬中或陆乔山在场的话,后果将不堪设想!

实例分析:“居然”与“果然”的前提和事实的关系。

他居然考上了。　　　　他果然考上了。

谌龙居然赢了李宗伟。　谌龙果然赢了李宗伟。

张三居然评上了教授。　张三果然评上了教授。

“居然”和“果然”都是事后评价副词。“居然”使用的前提是:事前有预测,但事后的结果与事前的预测相反或不同,出乎预测人的意外。“果然”使用的前提是:事前有预测,而事后的结果与事前的预测一致,在预测人的意料之中。

副词的使用与否,使用不同的副词,都可以改变或调节句子陈述的性质或句值。举个简单的例子:

张三好。/张三比较好。/张三相当好。/张三很好。/张三非常好。/张三最好。

上例中运用不同的程度副词,对"张三好"这个陈述进行调节,表达了不同的句值,也表达了不同人对张三不同的肯定态度。

不同类别的副词可以从不同方面、不同角度对句子的陈述进行调节。

2.7 小结

可能有人会问:像这样脱离功能讲词类行吗?像这样脱离功能讲语义行吗?词类可是根据词的功能分出的类别啊!

我们认为行。因为:词义和功能虽然有密切的联系,但是二者是相对独立的,功能不能改变词义。如果从发生学的角度来看,词形和词义是第一性的,而功能则是第二性的,也就是说,功能是派生出来,一个词,只有具备了词性和词义,才有了功能。正因为如此,所以词的功能必然受到词的语音形式和词义的制约。比如说,名词可以受数量成分的修饰,但是归根结底,什么样的名词受什么样的数量成分的修饰,最终取决于词的意义。我们相信:中学生们经过词的语义方面的学习,较好地掌握了语义方面的知识之后,他们再去学习词的语法功能方面的知识,一定会学得更好。因此,在中学阶段,语义先于功能的教学不仅是可行的,而且是一条解决中学语法教学的正确的道路。

第三章

中学语法教学中的词组教学

3.1 现代汉语词组知识教学概说

在大学里，现代汉语词组的教学内容一般包括如下几个方面：

(1)词组的概念。词组的特点。词组的作用。词组的分类。

(2)词组的结构分类系统。

(3)词组的功能分类系统。

(4)多义词组(歧义词组)。

(5)词组的辨析和识别。

(6)词组在语法系统中的重要作用。

上面这些知识，大部分是关于词组的分类的，特别是词组的结构分类。对照中学语文教学的实际，可以看出，这些知识和中学语文教学的实际需要距离还是比较远的。当然，也有一部分是中学语文教学中应该讲授的，问题是怎样讲授，也就是教学的方式、方法问题。

3.2 认识和原则

在讨论词组的教学内容之前，我们首先谈一下我们的认识和有关的原则。

在中学语文教学中讲授词组知识，第一个问题就是讲什么的问题。我们觉得，像大学本科现代汉语课程中的词组知识内容，基本上都是不宜讲的。比如，词组的分类系统把词组按照结构关系、整体功能、层次多少、意义多少分为词组的结构分类系统、词组的功能分类系统、简单词组和复杂词组、单义词组和多义词组。这四个分类系统还有更细的分类。例如，词组的结构分类系统把词组分为定中、状中、述宾、述补、联合、主谓、同位、连动、兼语等九种基本词组和方位词组、量词词组、介词词组、“的”字词组、“所”字词组等五种特殊的词组。这么多复杂的内容让中学生如何掌握？问题是，就是掌握了，又有什么用呢？

我们觉得，进行中学语法的词组教学，应该遵循如下原则：

第一个原则就是语义原则、我们觉得，在中学语文阅读教学中，最重要的应该是语义方面的教学。语言交际的事实告诉我们：语言交际的目的就是为了传递信息和接收信息，也就是语义。语文阅读就是接受文本作者的话语，全面、准确地获得课文文本所传递给读者的意义(信息)。中学语文阅读教学的实际告诉我们：学生们在阅读时最关心的不是文本中有什么类型的词组，这些类型的词组是怎么构造而成的等问题，学生们最关心的就是文本的意义，包括文本中词组的意义。例如，“从百草园到三味书屋”表达什么意思?“一知半解地读了下去”中什么是“一知半解地读”? 等。文本阅读结束时，学生们记住的恐怕只是文本的意义，很少有人记住文本中有几个偏正词组，几个述宾词组，几个联合词组，几个连动词组，等等。因此，在中学语文的词组教学中，词组语义的解析是最重要的内容。也就是说，语义原则是中学语文词组教学的第一原则，这个原则决定了中学词组教学内容的选择。

实例分析：“两弹元勋”的语义分析。

“两弹元勋”这个词组由“两弹”和“元勋”构成。“两弹”的语义是“原子弹和氢弹”。“元勋”的词义是“立大功的人。”(《现代汉语词典》)。将“两弹”和“元勋”的词义代入“两弹元勋”，得到的词组语义是：

原子弹和氢弹立下大功的人。

显然，这是一个有问题的语义表达式。那么，为什么我们理解没有问题的词义(例如“两弹”的词义和“元勋”的词义)组合起来，却成为有问题的词组语义呢?这是因为：词和词组合为词组的时候，除了词本身之外，而且还多出了词和词之间的语义关系，而且这种语义关系是多种多样的。如果不能正确地识别这些多种多样的语义关系，就不能得到正确的理解。那么随之而来的阅读效果也就不知从何说起了。

显然，“原子弹和氢弹立下大功的人”这个语义表达主要的问题是：“原子弹和氢弹”和“立下大功的人”之间的关系不清楚，或者说没有表述。因此，为了明确二者之间的关系，我们在理解这个词组的时候，可以采取相应的方法和手段显示“原子弹和氢弹”和“立下大功的人”之间的语义关系。例如：

(为)原子弹和氢弹立下大功的人。

这是添加关系标记的方法，显示“元勋”是“为原子弹和氢弹立下大功的人”。

也可以采取如下语义表达：

(在)原子弹和氢弹(方面)立下大功的人。

这是添加范围框架“在……方面”显示“元勋”立下大功的领域。

上面两个语义表达式可以进一步完善，更清晰地表达该词组的语义：

(为)原子弹、氢弹研制立下大功的人。

(在)原子弹、氢弹研制(方面)立下大功的人。

研制原子弹和氢弹立下大功的人。

当然，“两弹元勋”比较完整、准确的语义表达是：

为我国的原子弹、氢弹的研制成功立下大功的人(科学家)。

通过“两弹元勋”的语义表达的修改和完善，我们可以看到一个简单的事实：词组的语义并不是构成词组的词语意义的简单相加，而词组的理解也不是“1+1=2”那样简单。坦率地说，以前对于词组语义理解的说法是不全面的，有问题的。

词组语义的理解是一个很复杂的问题，在理解过程中要经过一定的语义算法和语言手段。所以，老师和同学们今后在理解词组语义的时候，要注意语义结构的完备性和合理性，不要简单化。

第二个原则是表达原则。词组比词语复杂，能够传递更多的信息，因此也具有更强的表达能力。同词语相比，词组的表达更丰富多样。请比较下面的例子：

西游记　精彩的西游记

封神榜　烦琐的封神榜

听　　　听得津津有味

写　　　写了九个字

词组还可以通过替换、扩展、变换等句法手段，使表达更为多样复杂。如果学生们掌握了词组的构造，掌握了词组变化的手段，他们的写作表达能力会大大提高。因此，词组的表达功能及其变化的手段也应该是中学语文词组教学的重要内容。

第三个原则就是核心原则。汉语词组系统内容是复杂的，多方面的。而中学语文教学又有自己的特点和要求，不可能像大学里那样系统地讲授。因此，中学语文教学中的词组教学内容必须进行选择。

认知语言学中的语言范畴化理论和原型范畴理论告诉我们：各种语言范畴（类别）的内部并不是等质的，而是有核心成员、一般成员、边缘成员的区别。词类的情况如此，词组的情况也是如此。以兼语词组为例：

命令部队出发 / 强迫别人同意
催张三快走 / 叫李四过来
请他进来 / 让大家提意见
选大刚当班长 / 聘任李明当经理
给你个糖吃 / 送你支钢笔做纪念
是他打我 / 是张三救了我
有人找你 / 有个姑娘叫小琴

汉语语法学界把兼语词组的语法意义概括为“使令”。观察上面兼语词组的例子，我们可以看出：“命令部队出发”很好地表示了“使令—行动”意义；而“有个姑娘叫小琴”这个词组仅仅具备了“动1＋兼语＋动2”的兼语结构形式，表示的语义是“存在—说明”，兼语词组的“使令—行动”意义几乎不存在了。由此例说明，“兼语词组”是一个原型范畴。其他的词组类型也是这种情况。

根据语法结构和语法意义的对应关系来看，显然，语法结构同语法意义保持高度一致的词组学得的难度最小，而偏离于语法意义的语法结构的学得难度较大。因此，在词组教学内容的选择上，我们应该选择同语法意义一致的词组作为首选教学内容，也就是一个范畴（类别）中的核心成员，其余的可以通过句法推导和句法引申来学得。

因此，当我们在词组知识中选择教学知识时，我们的原则是：语义优先；表达优先；核心优先。

语义优先的“语义”主要是各类词组的语义成分和语义结构。

表达优先的“表达”主要是各类词组的表达作用和表达功能。

核心优先的“核心”主要是各类词组中语法结构和语法意义比较一致的部分。

3.3 中学课文文本中词组的出现状况

从学习的难度来说，词组知识的教学应该是由浅入深、由易到难。从运用表达来说，词组知识的教学应该是从基础到扩展，从常用到非常用，从核心到外围。但是，从课文中词组出现的情况来看，却是参差不齐。下面是我们对语文版初中语文课本七年级上册第一课《忆读书》前两段中词组出现情况的全检索和分析：

一 / 谈到读书，我的话 / 就多了（“一……就”作为一个关联格式）

我 / 自从会认字后 / 不到几年 / 就开始读书。

四岁时读（的）/ 母亲教给我的 / 商务印书馆出版的 / 国文教科书第一册“天、地、日、月、山、水、土、木”以后的 / 那几册，

七岁时开始自己读的 /“话说天下大势，分久必合，合久必分……”的 /《三国演义》

那时 / 我的舅父杨子敬先生 / 每天晚饭后必给我们几个中表兄妹讲一段《三国演义》

我 / 听得津津有味，真是 / 好听极了。

他 / 讲了半个钟头，就停下去干他的公事了。

我 / 只好 / 带着对于故事下文的无限悬念，/ 在母亲的催促下，含泪上床。

如果用上面这样的例子进行词组教学，那么我们要做的首要工作恐怕不是词组的组合，而是词组的分解。例如下面这个复杂词组：

我只好带着对于故事下文的无限悬念，在母亲的催促下，含泪上床

如果不进行分解的话，同学们怎么能够了解整个复杂词组的构成状况呢？更不要说去了解其间复杂多样的结构关系和语义关系了。因此，我们认为：词组的分解和词组的组合在中学语文词组知识的教学中都是必要的，二者可以同步进行，因此，在中学语文词组知识的教学中，为了使词组知识的教学融入课文文本的教学，我们应该有所选择，有所调整，分解和组合同步，以达到最佳的教学效果。

下面我们结合中学语文教学的情况，结合对中学课文文本中的实例进行分析，对中学语文教学中词组知识的教学问题进行讨论。

3.4 各类词组教学知识的选择及其教学建议

3.4.1 词组构成的方式

为了便于中学生掌握，我们根据词组的结构和关系，把词组的构成方式简化为五种：附加式、连带式、接力式、并排式、对接式。下面分别说明。

(1)附加式。附加式的结构方式是：附加成分＋中心成分。名词、动词、形容词都可以做中心成分。例如：

优秀的学生 / 漂亮的书包 / 正常的情况 / 上课的时间 / 休息的地方

认真地学习 / 慢慢地走 / 马上出发 / 自觉地遵守

都优秀 / 非常和谐 / 已经成熟 / 十分热情 / 确实渊博

中心成分是名词的附加式，格式的语义关系可以概括为“属性和主体”，其语义解释为：什么样的人、东西、情况、时间、处所等。

中心成分是动词的附加式，格式的语义关系可以概括为“状况和行动”，其语义解释为：怎么样干、做、弄等。

中心成分是形容词的附加式，格式的语义关系可以概括为“限度和性态”，其语义解释为：怎么样的性质、状态等。

(2)连带式。连带式的结构方式是：中心成分＋连带成分。中心成分大部分是动词，小部分是形容词。例如：

吃米饭/打篮球/写作业/做游戏/看小说/发信息

听得入迷/写得认真/坐得端正/说得清楚/激动得热泪盈眶/难过得哭了

连带成分是名词的连带式,格式的语义关系可以概括为“行动和客体”,其语义解释为:干什么、做什么等。

连带成分是动词、形容词的连带式,格式的语义关系可以概括为“行动、变化和结果”,其语义解释为:干得怎么样、做得怎么样、变得怎么样等。

(3)并排式。并排式的结构方式是:中心成分+中心成分。并排成分可以是名词、动词、形容词。

a.名词+名词。例如:张三和李四/广东和广西/白天和黑夜;

b.动词+动词。例如:跑步做操/挑选、比较/学习并讨论;

c.形容词+形容词。例如:质朴浅显/端庄大方/流利和清晰;

d.名词+名词。例如:羊城广州/首都北京/鲁迅先生/小兰同学。

a、b、c三类并排式的语义关系可以概括为“同类或同质”,其语义解释为:同一类人或物;同一类行动;同一类性质状态。

d类并排式的语义关系可以概括为“同一关系”,其语义解释为:同一个人或物。

a、d两类都是“名词+名词”,但是语义关系和语义解释都不同(见上)。a类的算法是1+1=2,d类的算法是1+1=1。

(4)接力式。接力式的结构方式是:动词+(名)+动词。例如:

出去玩玩/含泪上床/走到图书馆借书

请你吃饭/叫小李过来/选你当班长/催他快去/让他走

第一组接力式的语义关系是“行动和时序”,其语义解释为:按先后时间顺序干或做。

第二组接力式的语义关系是“使令和执行”,其语义解释为:使令某人发出相应的行动。

(5)**对接式**。对接式的结构方式是:名词+动词/形容词。例如:

身材高/风度高雅/脸色青白/热泪盈眶/北风呼啸/大雪纷飞群情激奋

其语义关系是:人、事物和陈述。其语义解释为:人和事物怎么样。

小结和说明:在词组的结构方式的教学中,结构类型(或者说结构分类)不是教学的重点,尤其要避免像大学现代汉语课程那样讲授词组的类型。在中学语文教学中,词组结构方式的重点是:词组构成的方式、手段和词类因素,也就是说,词组的构成采用了什么方式,采用了哪些手段,使用了什么词类的词语。另一部分重要的内容就是词组的语义关系、语义解释,因为这方面的教学直接涉及词组的理解机制问题。在词组的结构方式部分的内容里,我们已经尽可能多地给出了语义方面的信息。在结合真实文本的词组知识教学中,词组语义关系和语义解释方面的内容还要细化,要结合文本中的具体词组给出更具体的说明和解释,争取在同学们的语言知识系统中逐步建立起词的大类中的语义小类的类别系统。

3.4.2 词组变化的语法手段

为了满足表达的需要,词组在实际运用中会有多种变化。词组变化常见的手段有替换、扩展、联接、变换等,其中最基本的就是替换和扩展。

(1)替换。用具有相同或相似的表达功能的词语去替换词组中的一定成分。我们以偏正词组为例。

附加成分的替换:

美丽的姑娘→善良的姑娘→南方的姑娘→唱歌的姑娘……

中心成分的替换:

美丽的姑娘→美丽的校园→美丽的花朵→美丽的言辞……

下面是课文《忆读书》中的两个实例:

精彩的《西游记》→烦琐的《封神榜》

人物如生的《水浒传》→索然无味的《荡寇志》

这两个实例相互之间都可以看成具有替换关系，即“→”前的词组分别替换附加成分和中心成分而得到“→”后的成分，反之亦然。

替换可以使表达多样化。当我们对词组的成分进行替换的时候，实际上是改变了观察、描写的角度或主体。例如，当我们把“美丽的姑娘”替换为“善良的姑娘”的时候，我们的观察、描写的角度也从外部的“容貌”转移到了内在的“性格”；当我们把“美丽的姑娘”替换为“美丽的校园”的时候，我们的观察、描写的主体也从“姑娘的容貌”转移到了“校园的景色”。能够多样化表达的同学应该具有较强的表达和写作能力。

替换是丰富语汇的有效手段。反过来说，语汇丰富的同学一定具有更强的替换能力。因此，在词组知识的教学中，教师一定要注意提高同学们的替换能力，丰富同学们的语汇量。同学们在课文文本中学习掌握了具体的词组之后，也应该采用替换手段给以巩固和拓展，就像上面的“美丽的姑娘”的替换那样。

(2)扩展。以已有的词组为基础，把一定的词语加入其中，增加其长度和语义，这就是扩展。扩展增加了词组的表达成分，使词组表达的语义内容更为丰富，语义关系也更为复杂。

实例分析：

孔乙己是人。

该句的宾语“人”没有修饰语，语义信息贫乏，表达价值几乎为零。

孔乙己是喝酒的人。

该句的宾语增加了修饰语，但区别度太低，语义信息很少，表达价值很低。

孔乙己是站着喝酒的人。

该句的宾语对修饰语扩展，但区别度仍然较低，语义信息仍然不足，表达价值不高。

孔乙己是穿长衫的人。

该句的宾语的修饰语区别度太低，语义信息很少，表达价值很低。

孔乙己是穿长衫而站着喝酒的人。

该句的宾语的修饰语继续扩展，区别度很高，语义信息较充足，表达价值较高，但对人物的凸显度不够。

孔乙己是站着喝酒而穿长衫的唯一的人。

该句的宾语的修饰语继续扩展，增加了“唯一”，达到了文学作品“这一个”的要求，实现了全句的最高表达价值。

从上例的分析来看，下面两例实际上也是扩展的结果：

①岳飞是我从小就崇拜的最伟大的爱国英雄。

扩展过程：

岳飞是英雄。
岳飞是爱国英雄。
岳飞是伟大的爱国英雄。
岳飞是最伟大的爱国英雄。
岳飞是我崇拜的最伟大的爱国英雄。
岳飞是我从小就崇拜的最伟大的爱国英雄。

②我只好带着对于故事下文的无限悬念，在母亲的催促下，含泪上床。

扩展过程：

我上床。
我只好上床。
我只好含泪上床。
我只好在母亲的催促下，含泪上床。
我只好带着悬念，在母亲的催促下，含泪上床。
我只好带着对于故事下文的悬念，在母亲的催促下，含泪上床。
我只好带着对于故事下文的无限悬念，在母亲的催促下，含泪上床。

扩展和替换有着密切的关系，二者可以相互转化。以“美丽的姑娘”为例：

美丽的姑娘→一位美丽的姑娘
温柔的姑娘→一位美丽的、温柔的姑娘
聪明的姑娘→一位美丽的、温柔的、聪明的姑娘
南方的姑娘→一位美丽的、温柔的、聪明的南方姑娘

由替换到扩展，实际上就是词组由短到长的转化。

根据儿童语言习得的状况，扩展首先出现在偏正词组中的定中词组，其次是状中词组。据此，扩展的教学和训练应该从偏正词组开始，然后再逐步推广到其他类型的词组。

3.4.3 各类词组的表达功能例析

对于各类词组，不能只分析它们的语法结构和语法功能，还要结合课文的具体情况，分析它们的表达功能。

实例分析：一谈到读书，我的话就多了！

《忆读书》是这篇课文的题目，也是整个语篇的总话题。这篇课文一开始就向

读者传递了这个信息——这篇文章是谈读书的，并且话很多。这个开头不但给出了话题信息，而且具有很强的信息引发功能：为什么一谈到读书你的话就多呢？你是怎么样读书的呢？读书有什么讲究吗？等等。这样就为全文的展开做了很好的先行工作。

动宾词组可以以动词为核心，引出后面的成分，引出的成分一般都是新信息。在《忆读书》这篇课文中，“谈到读书”这个动宾词组的表达功能就是引入课文的话题。同时，“谈到”这个动词具有话题标记作用，标明它的宾语是话题性质。同类的动词还有“说到、提到、提起、说起、谈起”等。

实例分析：鲁镇的酒店的格局，是和别处不同的。

“鲁镇的酒店的格局”这个偏正词组采用递进附加的方式构成，这好比电影中的推进手法，由“鲁镇”推进至“酒店”，再由“酒店”进入“酒店的格局”，为全文提供了重要的空间信息，告诉读者：这个故事发生在鲁镇，并且以酒店为具体的、核心的场景；同时暗示这个故事和“酒”有密切的关系，包括酒店的掌柜、酒店的伙计、各色各样酒客等。

一般来说，课文提供的空间信息除了为事件提供定位信息之外，还为事件中的人物提供活动的场景。方位性词组是提供空间信息的常用手段。

实例分析：陶影独自坐公共汽车时，经常不买票。

“不买票”中的“不”是个否定副词，它的语法作用是否定，“不买票”是一个偏正词组。但是“不买票”这个偏正词组的表达功能是什么呢？结合“不买票”所在的句子进行分析，我们认为：这个“不”修饰“买票”除了表示否定意义之外，还表示“反常”——违反常理的意义。语言事实告诉我们：“不＋动”可以表示违反常理的行为。例如：

学生——不上学　　坐车——不买票
教师——不讲课　　吃饭——不付钱
工人——不做工　　欠债——不还钱
农民——不种田　　杀人——不偿命

通过对“不买票”的反常意义的分析，我们现在看得比较清楚了：“不买票”这个违反常理的行为是作者设置的悬念的基础,而“经常”“独自坐公共汽车时”则把这个悬念进一步强化,为下文的展开开了一个富有吸引力的好头。

实例分析:“济南的冬天”和“冬天的济南”。

“济南的冬天”是课文的题目。而这篇课文的结束句是“这就是冬天的济南”。那么,“济南的冬天”和“冬天的济南”在语义表达上有区别吗?

“济南的冬天”是一个偏正词组,“冬天”是“济南的冬天”的中心语,是课文描述的重点;而“济南”则是修饰语,对“冬天”的空间进行区别限定,即:课文写的是济南的冬天,而不是广州的、重庆的、北京的冬天。因此,文题“济南的冬天”限定了文章的内容。因此,课文采取了对比的手法,比较了伦敦的冬天;热带的冬天、济南的冬天三者的区别。比较的方面是冬天的气候因素:风、日光、地理环境、雪、水等。

虽然“冬天”可以寄托一定的情思,例如雪莱的名句:冬天到了,春天还会远吗?但是需要一定的限定,因为每个国家、每个地方都有自己的冬天。而作者真正要表达的是:他最爱的是济南,哪怕是冬天的济南!于是作者下面笔锋一转,写济南的山水:

古老的济南,城里那么狭窄,城外又那么宽敞,山坡上卧着些小村庄,小村庄的房顶上卧着点儿雪;

那水呢,不但不结冰,倒反在绿萍上冒着点热气,水藻真绿,把终年贮蓄的绿色全拿出来了。……这就是冬天的济南。

到了文章的结尾,通过这个偏正词组的变换(济南的冬天→冬天的济南),我们才真正理解了作者的心境:他深深爱着的是济南!包括济南的冬天!

3.5 小结

中学语文教学中词组教学的实施是一个难度非常大的问题。实际上,从进入21世纪开始,我们结合中学语文教学的实际情况进行了长期的观察、思考和谋划。众所周知,词组比词复杂,词组的因素也远远多于词。词组的结构、功能、语义、表达功能等都是存在的事实。什么可教,什么可不教;什么多教,什么少教,等等都是实际存在的问题。如何搞好中学语文的词组教学问题,是一个大问题。本章提出的思路基本上是一个参考方案,还需要广大中学语文教学界的同行们集思广益,完善这个方案。

第四章 句子的表达和分析

4.1 句子成分分析法简说

句子成分分析法是传统语法的分析句子的方法。句子成分分析法的句子结构观把句子看成是由主语、谓语、宾语、定语、状语、补语、中心语等句子成分构成，这些成分通过不同的搭配组合形成句子的不同格局或格式；句子的组合机制是“以中心词为核心”，即句子是以主语、谓语这两大中心词作为基础，其他的成分分别依附在两大中心词上组合而成。所以句子成分分析法又叫中心词分析法。

句子成分分析法由逻辑分析中的判断分析改编、扩充而来。句子成分分析法把判断分析中的主词、谓词、宾词改称为主语、谓语、宾语，把量词分化为定语(限定语)、状语(修饰语)，又根据汉语的句法特点增加了补语；并把主语、谓语作为句子的两大中心成分。这样基本建立了句子成分系统。

句子成分分析法至今常用不衰，那是因为句子成分分析法是有其理论基础的。句子成分分析法的理论基础之一就是语言的线条性特点。

索绪尔曾指出语言的两个特点，第一个特点是语言符号的任意性，即语言符号的语音和意义的结合是任意的。现在我们认识到：语音和意义的结合虽然是有理据的(词的内部形式，即事物的命名理据)，但是最终还是约定俗成的。索绪尔指出语言的第二个特点就是语言的线条性，即人们说话的时候，语言符号随着时间的推移一个接一个地说出，形成一个语言符号的链条。语言的线条性特点指出了语言的可分析性，为语言的线性分析奠定了科学的客观基础。而现在我们已经看得很清楚：句子成分分析法正是一种线性分析。

句子成分分析法的另一个理论基础就是语言的功能观。语言的功能观认为：语言是人类最重要的交际工具。而全世界的语言学界，不管是传统语法、结构语法，还是生成语法，都公认句子是最基本的表达单位。既然句子是最基本的表达单位，句子又是由不同的成分构成的，每个成分又都各有其表达功能，那么对句子进行句子成分分析就是天经地义的。

句子成分分析法有其科学的依据和基础，其科学性和有用性是确定的。直到现在，句子成分分析法仍然是使用最广泛的析句方法，也是最重要的析句方法之一。在中学语文教学中，在对外汉语教学中，句子成分分析法仍然有其不可替代的地位和作用。

不过,随着语言研究的深入,人们对语言分析方法提出了更高的要求。句子成分分析法也不例外。无论是大学母语教学,还是中学语文教学和对外汉语教学,句子成分分析法还在勉力而为,但是已经力不从心了——它的分析能力(广度和深度),它的解释能力(科学性和合理性)都需要加强。否则的话,仅仅找出两个中心词和六大成分有多大意义和作用呢?

4.2 句子成分分析法的扩充

根据中学语法教学的需要,我们认为:应该在表达语法思想的指导下,对句子成分分析法进行适当的扩充,使句子成分分析法成为分析范围更广、分析深度更深、解释能力更强的分析方法。

对句子成分分析法进行扩充以前,我们先要讨论一个问题,那就是分析对象的问题。传统的句子成分分析法的分析对象是单句。这种做法有很大的限制,因为有许多语言事实和因素仅仅在单句的范围内是观察不到的,这自然就影响了句子成分分析法分析的效果。我们觉得,单句和复句都是句子,都可以作为句子成分分析法的对象。这样做,可以观察到语境的多因素性,语句关联的多样性,分析的语言材料更具有完整性和真实性,分析的结果也会更具有实用性。

4.3 表达语法的基本思想

任何语法形式都是为了表达人们的思想和感情的。一个语言系统之所以需要不同类别、不同功能的词,之所以要构造不同类型、不同功能的词组,那是因为语言的表达需要具有各种表达功能的词类或词组来达到目的(至少是主要目的),因为语言最主要的功能就是“人类最重要的交际工具”。由此出发,我们形成了以下认识:

(1)对语言进行分析,表达功能的分析是第一位的,对句子的分析更不例外。

传统的句子成分分析法主要是对句子的结构进行分析,即句子是怎样构成的(两个中心词+附加成分),而对句子的表达功能分析很少,甚至基本上不加分析。

这样的分析大大降低了句子成分分析法的价值和作用。明白了“语言是人类最重要的交际工具”这一命题的意义,我们应该转变传统的观念,把语言(包括句子)的分析重心转移到表达功能分析上来。

(2)句子是表达的基本单位,表达由三要素构成。

一个句子表达的内容可以称之为一个“事件”。一个事件由三个基本要素构成:指称、陈述和修饰。

指称,即指代和称谓。指称要完成的是表达中的“谁、什么、什么事”等任务,说明表达的对象。

陈述,即陈说和叙述。陈述要完成的是表达中的“怎样、怎么样”等任务,说明表达对象的动作行为、联系变化等。

修饰,即限定和描饰。修饰要完成的是表达中的“什么样的、怎么做的”等任务,说明表达对象的属性、关系,动作行为联系变化的状况状态、条件环境等。

(3)句子成分各有自己的表达功能。句子成分的表达功能同所在的位置有对应关系。

句子是表达的基本单位,表达由不同的要素构成,所以,构成句子的各种句子成分应该各有自己不同的表达功能,否则句子的表达功能也无从谈起。初步观察的结果如下:

主语、宾语(含介词宾语)的位置同指称功能相对应;或者说,主语和宾语基本上是指称性的。

谓语、述语、补语的位置同陈述功能相对应;或者说,谓语、述语、补语基本上是陈述性的。

定语、状语的位置同修饰功能相对应。或者说,定语、状语基本上是修饰性的。

4.4 句子的语气和表达功能

每个句子都有一定的语气和语调,每个句子的中间和末尾都有停顿。在连续的话语中,句子和句子之间有较大的语音停顿。在书面上,句子的语气在句末用句号、问号、感叹号等表示,停顿则用逗号、分号、句号等点号表示。

语气是句子的必要特征。语气同句子的信息功能有直接的联系,能够区别不同的信息类型。句子的信息功能的分类主要是根据句子的语气。句子的语气常见的有五种,即陈述语气、疑问语气、祈使语气、感叹语气、祝愿语气。同这五种语气相对应语调也是五种。我们把句子的音高简单地分为高、中、低三档,把语调的行进形态分为平、曲、升、降四种形态,把时间简单地分为长、短,那么着五种语调可以粗略地描述如下:

陈述语调:(中)平——(长)降。

疑问语调:(中)平——(短)升?

祈使语调:(高)平——(短)降!

感叹语调:(高)平——(长)降!

祝愿语调:(高)平——(短)降!

不同的语气和语调结合起来可以表示并传递不同类型的信息。有的句子提供信息,有的句子求取信息,有的句子抒发情感信息,有的句子发出指令信息,有的句子则给予祝愿信息。这样就形成了句子信息功能的分类。这种分类可以称为句子的信息系统。从表示和传递信息的角度来看,句子的信息系统在句子系统中居于管控地位。

句子根据对世界及其状况的反映、说明的肯定与否、可能不可能可以分为肯定句、否定句和模态句。对世界及其状况的进行肯定的句子是肯定句,反之则是否定句;对世界及其状况进行可能反映的是模态句。模态句的值不仅有肯定、否定的区别,而且还有肯定否定程度大小的区别。

4.4.1陈述句

具有陈述语气语调,用于叙述或说明事实的句子是陈述句。

从表达的角度来看,陈述句的表达功能是说明和叙述,给出一定的信息。陈述句的句末常常使用“了、的、嘛、呢、罢了”等语气词。

陈述句是思维最一般的表现形式,也是使用最多的句子。陈述句大多是主谓句,也可以是非主谓句。例如:

今天星期一。/小梅性格开朗。/比赛进行得很激烈。/出太阳了。

陈述有肯定陈述和否定陈述的区别。肯定陈述是确认人或事物具有一定的属性、相互之间具有一定的联系的陈述,否定陈述是确认人或事物不具有一定的属性、相互之间没有一定的联系的陈述。据此,陈述句可以分为肯定陈述句和否定陈述句,简称为肯定句和否定句。

从语义上看,肯定句对人或事物所作的陈述是一种正面的陈述。从成分上看,肯定句中或者不使用否定词语“不、没、没有”,或者双重使用否定词语,形成双重否定句。双重否定句也是一种肯定陈述句。各种主谓句和非主谓句都可以用作肯定陈述。例如:

出太阳了。/鲁迅浙江人。/东北人淳朴刚强。/小明学会操作电脑了。

肯定句肯定的程度是有区别的。例如:

小明聪明。/小明比较聪明。/小明很聪明。/小明非常聪明/小明最聪明。

从语义上看,否定句对人或事物所作的陈述是一种反面的陈述。从成分上看,否定句中要使用否定词语“不、没、没有”。各种主谓句和非主谓句都可以用作否定陈述。例如:

他不是我们班的学生。/教室里不安静。/对这事儿大家不觉得奇怪。
我们没见过这个人。/小明没有去打游戏机。/夜里没有下雨。

否定句否定的程度也是有区别的。

双重否定句是使用否定手段对否定再进行否定,双重否定实质上是肯定。双重否定句比肯定陈述句的肯定要更为有力。常见的双重否定的形式有“不是不、不得不、不能不、不是没有、没有……不”等。例如:

我不是不相信你。/你不能不去。/肇事者不得不承认了犯罪事实。/这样的事我不是没见过。/提到大伟,大家没有一个不佩服。

模态陈述句是对“可能世界”进行陈述的句子,它表达的是人们对世界、事物的估测和倾向。模态陈述并非是对现实的陈述,而是一种虚拟的陈述。

汉语中的能愿动词、情态副词、语气副词是构成模态陈述句的重要词语。

模态陈述句根据表达的语义可以分为可能陈述句、意愿陈述句、道义陈述句、责任陈述句、价值陈述句等几个类别。

A. 可能陈述句。可能陈述句是对世界的可能性的陈述说明,或者说是对可能世界的陈述。通俗地说,就是关于可能不可能的陈述。可能陈述句的语义有以下几个方面:

a. 主观能力的可能性。例如:

他一分钟可以打二百个字。/苏炳添能跑九秒九。/王小明会考上清华的。

b. 客观或情理上的可能性。例如:

下午可能有雨。/这样的条件怎么行?/这么大的雨不能走。/你一受凉,又该咳嗽了/你不听我的话,到时候该后悔了。

c. 情境或情理上许可。例如:

现在飞机上可以开手机了。/教室里不能抽烟。/不能随地吐痰。

可能陈述句一般是多值的。例如:

美国可能发动核战争。(命题值为 0.5)

美国很可能发动核战争。(命题值为 0.6~0.7)

美国极可能发动核战争。(命题值为 0.8~0.9)

美国必定发动核战争。(命题值为1)

美国不可能发动核战争。(命题值为0)

美国根本不可能发动核战争。(命题值为0)

B.意愿陈述句。意愿陈述句是对意愿的陈述说明,或者说是对内心世界的陈述。通俗地说,就是关于想不想、愿意不愿意的陈述。意愿陈述句的语义有以下几个方面:

a.主观上想做什么或怎么做,或者喜欢做什么、喜欢怎么做。例如:

大伟愿意当班长。/我愿做一只小羊。/在天愿为比翼鸟,在地愿为连理枝。

b.在一定要求或条件下,主观上同意或答应做什么或怎么做。例如:

说什么他也不肯去。/你去请他他才肯来。/这样的条件鬼才愿意呢。

c.主观上的要求、愿望。例如:

我要喝水。/我要跟你们一块儿去。/我想读北大。

d.有胆量做。例如:

我敢负这个责。/你敢去我也敢去。/谁敢动一动我就开枪了。

C.道义陈述句。道义陈述句是对道义认识的陈述说明,或者说是对道义世界的陈述。通俗地说,就是关于应该不应该的陈述。

道义陈述句表示的“应当”的含义是:主观上、客观上或情理上应该怎么样。例如:

我们应该关爱并帮助残疾人。/这么大的事你应该和大家商量商量。/天不早了,我们该走了。/大家对你这么好,你早该这么做了。/事关重大,我方应表明态度。/我队精心准备,胜利当在意料之中/外国军队应撤出占领地区/事情紧急,我们应火速前往。

D.责任陈述句。责任陈述句是对责任认识的陈述说明,或者说是对责任世界的陈述。通俗地说,就是关于必须不必须、必要不必要的陈述。

责任陈述句表示的“必要”的含义是,事实上或情理上要求必须怎么样。例如:

过河得有船。/天冷了要多穿衣服。/你得多听大家的意见。/人要虚心点儿。/你可以投反对票或弃权票,但不能不投票。

E.价值陈述句。价值陈述句是对价值认识的陈述说明,或者说是对价值世界的陈述。通俗地说,就是关于值得不值得的陈述。

价值陈述句表示的“估价”的含义是对人和事物的价值及相关方面进行衡量。例如:

这本书值得看。/北京值得一去。/他不配当班长。/你怎么配姓赵?

4.4.2 感叹句

具有感叹语气语调,用于表达感慨、感叹的句子是感叹句。感叹句表达的情感一般都比较强烈、浓厚。例如:太好了!/多美啊!

感叹句有如下特点:

(1)情感性。情感的强烈、浓厚、深沉是感叹句在表达上的特点。与此相应,感叹句中经常使用高程度副词“真、太、好”以及相当于高程度副词的代词“多、多么、这么、那么、这样、那样”等,以满足感叹句表达上的需要。例如:

太好了！/多美啊！/这么大呀！/真够哥们儿！

(2)感叹句的语调是“降—平—长”型，比祈使句的降语调要平一些，延续的时间也长一些。感叹语调书面上用感叹号“！”表示，句末经常使用语气词“了、啊”以及“啊”各种变体“呀、哇、哪”等。

(3)自我性。感叹句虽然也用于交际，传达思想感情，但是感叹句更着重自我感情的抒发和自我态度的表达。所以有的感叹句不一定是针对一定的听话人发出的，比如口号类的感叹句就是如此。这同祈使句一定针对一定的听话人发出是不同的。

感叹句根据表现的感情因素，可以分为积极感叹句式和消极感叹句。积极感叹句表现的是积极的感情，例如喜悦、兴奋、赞美、感激、热爱、激动等。例如：

太舒服了！/好球！/太湖多美啊！/真是个天才啊！/太感谢你了！/中国赢了！

消极感叹句表现的是消极的感情，例如愤怒、厌恶、恐惧、惊讶、痛苦、惋惜等。例如：

哎哟！疼死我了！/这小子太坏了！/咦！钱包不见了！/张老师走得太早了！

4.4.3 祝愿句

具有祝愿语气语调，用于表达祝愿、祝贺的句子是祝愿句。

祝愿句的功能是向听话人发出祝福、祝贺的信息。祝愿句有一定的抒情功能，但祝愿句的情态功能主要是表示祝愿情感。

祝愿语义是祝愿句的突出特点。祝愿句中一般都有诸如“健康、快乐、幸福、顺利、兴旺、康复、高升、成功、发财、平安、一路顺风、万事如意、百年好合、长命百岁”等词语，其语义特点都有【＋积极】【＋褒义】【＋高价值】等。这些意义都是普通价值观所认为的有利的、积极的、尽力争取而又不易取得或根本无法取得的——如“万事如意、万寿无疆”等。正因为如此,人们需要祝愿,使那些尽力争取而又不易取得的事物或状况以祝愿的方式互相给予,在心理上得到很大的满足和慰藉。

祝愿句内部可以分为两种:祝愿句和祝贺句。

祝愿句是对未然事件或状况表示祝福祝愿。例如:

恭贺新禧,鸡年大吉! /祝愿你们白头偕老! /预祝你马到成功!

祝贺句则是对已然事件或状况表示祝贺庆祝。例如:

热烈祝贺中国女排再次获得奥运冠军! /恭贺贵公司又获佳绩! /恭喜你喜得贵子!

祝愿句主要用于祝愿身体、节庆、财富、前途、婚姻子女、成功等语域。例如:

祝你福如东海,寿比南山! /祝你早日康复。

新年快乐,恭喜发财! /生日快乐! /节日快乐!

祝你好运! /祝你一路顺风,前程似锦! /愿贵公司宏图大展,再创辉煌!

恭喜两位新婚大喜!愿你们永结同心,白头偕老! /祝你们婚姻美满,早生贵子!

祝贺蒙自铁路建成通车! /热烈祝贺G20峰会成功举办!

祝愿句很少使用语气词,极少使用否定形式。

4.4.4 祈使句

具有祈使语气语调,用于发出指令或提出要求的句子是祈使句。例如:

说! /说下去! /别说了!

祈使句具有如下特点：

(1)使动性。祈使句的人际功能是使动性的，即使听话者作出一定的反应。祈使句要求听话人发出、持续或停止某种动作行为，所以祈使句具有使动性。英国语言学家奥斯汀把祈使句的这种使动性概括为“示言之力”和“收言之果”(显示话语的力量，收到话语的效果)，这很准确地指出了祈使句的使动性这一特点。

(2)祈使句具有祈使语调。在书面上，祈使句较强烈的语气用叹号“！”表示，较温和的语气用句号“。”表示。例如：滚出去！/快来呀！/进来吧。

(3)祈使句常常使用祈使语气词。祈使句的语调是降语调，句末可以使用语气词“吧”和“啊”(包括“啊”的各种变体“呀、哇、哪”等)。

(4)现场性。祈使句总是对在现场的人发出的，祈使句的主语一般就是第二人称代词或听话人的名字，所以祈使句一般不需要指明听话人，亦即不说出主语，因此祈使句常常是非主谓句，而且一般都不太长。

祈使句根据祈使对象的上下关系，可以分为命令、请求祈使句和禁止、劝阻祈使句。这两种祈使句中都存在着肯定和否定的情况。

命令、请求祈使句根据祈使的强度，这类祈使句又可以分为四个小类：

①表示命令。这类祈使句经常不用主语，结构简短，语调急降，很少用语气词。一般用于上对下的关系。语义上多表示要求行动。例如：

快速前进！/冲上去！/带走！/滚！

②表示请求。这类祈使句语气比较和缓，常常使用语气词“吧”，也经常使用祈使动词“请”“让”等。一般用于下对上或平等的关系。语义上多表示企求给予或允许。例如：

请帮我一把！/老师，让我参加足球队吧！/请把你的圆规借我用一下。/行行好吧！

③表示催促。这类祈使句的语义同①类相似，但语气要和缓一些，常常使用语气词“吧、啊”，多用于平级关系。例如：

快走吧！/说呀！/抓紧时间哪！/快一点哪！

④表示劝导。这类祈使句的语义是期望听话人接受某种观点或采取某种行为，语气一般和缓而深沉，多使用语气词"吧、啊"，多用于上对下或平级之间的关系。例如：

同学们，大家要努力学习哪！/你不小啦，该成家啦。/常回家看看哪！/多和爸爸说几句吧！

禁止、劝阻的祈使句这类祈使句表达的意义同命令请求类祈使句相反，语义上是要求听话人不发出或停止某种动作行为。根据语气的强弱，大致可分为三类：

①表示命令。这类祈使语气强烈，要求听话人必须遵守。例如：

严禁烟火！/禁止随地大小便！/不许动！/别讲话！

②表示告诫、叮嘱。这类祈使句的内容大都和生活、社会的行为准则有关，口气一般都比较重。例如：

路上万万不可大意。/千万不要轻信谣言。/不可对别人无礼。/不能贪图小便宜。

③表示劝阻。这类祈使句语气稍微和缓一些。例如：

不要听他瞎说。/不用这么客气。/别急。/别喝醉了。/说话别那么冲。

4.4.5 疑问句

具有疑问语气语调，用于提出问题的句子叫做疑问句。疑问句有如下特点：

(1)求信性。从信息功能来看,疑问句的功能是求信性,即说话人通过疑问句来求取自己必要的信息。这是疑问句最基本的功能。

(2)疑问句具有疑问语调。疑问句的语调一般是“平—扬”,书面上用问号“?”表示。

(3)疑问句常常使用疑问语气词、疑问代词、疑问格式等,如:吗、吧、呢、啊;什么、谁、几、怎么样、为什么;是不是、是……还是;等等。例如:

今天星期几? / 你是四班的吗? / 你会说英语吧? / 我的钢笔呢? / 你去还是我去?

疑问句根据疑问语义和疑问方式方面的特点,可以分为是非疑问句、特指疑问句、选择疑问句、正反疑问句、反问句。

是非疑问句是对整个句子所表示的事情提出疑问,并且希望对提出的问题作出肯定(是)或否定(非)的回答,所以叫是非疑问句。是非疑问句可以使用上扬的语调,或者使用语气词“吗、吧”来表示疑问。例如:

你就是小李? / 你不想参加比赛了? / 这件事你知道吗? / 你会说英语吧?

用“吧”发问的时候,问话人对所问的情况有所估测,问话的疑问量要比用“吗”低一些。比较下面的例子:

今天是星期六吗? / 今天是星期六吧?

你是王老师吗? / 你是王老师吧?

“吗”字疑问句的疑问值可以刻画为1/2,“吧”字疑问句的疑问值可以刻画为1/4。

是非疑问句的句末不用语气词“呢”,因为“呢”一般用于特指问。比较下面的例子:

他说了什么话吗？/他说了什么话吧？/他说了什么话呢？

对于是非疑问句的回答，可以按照一般的回答方式给以肯定或否定的回答，也可以采用比较灵活的方式回答。例如：

对下面的问题给出四种不同的肯定回答：你是高中生吗？

这一问题可以用如下方式回答：

是。/我是。/是高中生。/我是高中生。/我在高一。/我读高二。/已经高三了。/今年刚考上高中。/高中都读两年了。/暑假就考大学了。

以上是肯定的回答。同这些肯定的回答相对应，否定的回答也是多种多样的。此处从略。

特指疑问句不是对整个句子整体提出疑问，而是用"谁、什么、多少、几、怎样、哪里、何时、为什么"等疑问代词对事情中的人物、事物、数量、状况、处所、时间、原因等情况进行提问，并且要求对这些提问作出针对性的回答，而不能仅仅回答"是"或者"否"。特指疑问句中的疑问代词所提出的问题一般称为句子的疑问点，也就是疑问句的焦点。例如：

你是谁？/那是什么？——问人或事物
这件衣服多少钱？——问数量
这道题怎么做？——问方式
那件事办得怎么样了？——问状况
我们下午去哪里？/什么时候出发？——问处所、时间
你为什么不去上课？——问原因

现代汉语中还有一种特殊的特指疑问句，这种特指疑问句问人或事物的所在或所有，使用"名词/名词词组+呢？"的格式。例如：

老张呢？/我的书呢？/发展规划制订得很好，可是钱呢？/问题是找出来了，可是解决的办法呢？

特指疑问句句末经常使用语气词“呢”，也可以使用“啊”，但是不使用“吗”。比较下面的例子：

小明出了什么事呢？/小明出了什么事啊？/小明出了什么事吗？

句末用“呢、啊”的是特指疑问句，句末用“吗”的是是非疑问句。

选择疑问句用复句的形式提出若干种情况或看法，询问听话人的态度，并要求在问句提出的几种情况或看法中选择其中的一种作出肯定或否定的回答。选择疑问句常用的格式是“（是）……还是……”，句末语气词用“呢”或“啊”，不用“吗”。例如：

是下围棋呢，还是下象棋？/你吃馒头还是吃面条？/上午出发还是下午出发？/这次旅游是去北京呢，还是去上海？

使用选择问句提问的时候，问话人已经确定了回答的范围，希望答话人在提出的情况或看法中选择其中的一种。但是实际上答话人不一定非要在问话人所提出的范围之内选择。因此，选择疑问句的回答方式也是多样的。答话人可以在问话人提出的范围内作出选择性的回答，也可以不在问话人所提出的范围内作出选择性的回答；可以选择问话中的一种情况作出回答，也可以选择两种或多种情况作出回答，也可以一种也不选。比如对孩子提出这样一个选择问句：是爸爸好还是妈妈好？有的孩子的回答是：都好。再比如这样一个选择问句：你吃米饭还是吃馒头？答句可以选择“吃米饭”，也可以选择“吃馒头”，也可以二者都选（米饭、馒头都吃），也可以二者都不选（我吃面条）。

正反疑问句用谓语的肯定否定相重叠的形式或“是不是”格式来提问，要求答话人作出肯定或否定的回答，或者作出选择性的回答。如果是用谓语的肯定否定相重叠的形式发问，那么答句一般是选择性的（类似于选择疑问句的答句）；如果是用“是不是”来提问，那么答句就是肯定的或否定的（类似于是非疑问句的答句）。例如：

新老师对学生凶不凶？（选择性提问）
新老师是不是对学生很凶？（是非问）

正反疑问句的形式有如下三种：

A. 主语＋V不V／V没V？

你是不是李老师？／你是李老师不是？／老王去没去上海？

B. 主语＋V不／V没有？

这家伙老实不？／老王去上海没有？你自己去行不？

C. 主语＋谓语，V不V？

你看不起我，是不是？／你自己干，行不行？／其实你心里很喜欢他，对不对？

正反疑问句的答句类似于是非问句和选择问句的答句。同是非问句和选择问句的答句一样，正反问句的答句的方式也是多样的，并不一定要作出肯定或否定答复，也不一定要选择一种情况作出回答，而可以根据自己的情况和当时的语境作出恰当的回答。

反问句是疑问句的一种特殊情况。一般认为，反问句是“无疑而问”。其实反问句并不都是“无疑而问”。

一种情况是：问话人在使用反问句发出提问的时候，对自己所提出的问题已经有了答案，此时是无疑而问，而意在强调。例如：

难道帮助同学还有什么错吗?(帮助同学没有错!)

有你这样帮助同学的吗?(没有你这样帮助同学的!)

另一种情况是:提问者对自己提出的问题感到极大的困惑,此时的提问是追究性的,要追根究底,弄个明白。例如:

小刚打了我,我又不能跟他打,老师也不管,难道我就白挨了?

病人打医生,医生却不能还手,这医生还怎么干呢?

还有一种情况是否定性的。这种反问主要针对某些动作行为进行制止。例如:

你挤什么挤? /你还吃什么? /你笑什么?真的很好笑吗?

正是因为反问句可以用于强调、追究和否定,所以反问句的语气要比其他疑问句强烈。在形式上,反问句多采用是非问句和特指问句的形式发问,但是语气要强烈得多,问话的语义也不同。例如:

这件事你怎么会不知道呢?

这个问句如果按特指疑问句理解,其语义是问原因;如果按反问句理解,这个问句的语义是“这件事你应该知道”或“这件事你是知道的”。再比如:

这件事你真的不知道(吗)?

这个问句如果按是非问句理解,其语义是问“是”(知道)和“非”(不知道);如果按反问句理解,这个问句的语义可以理解为如下两种:一、这件事你是知道的。或:这件事你应该知道。二、这件事你到底知道不知道?(表示追究)

4.5 句式的表达功能分析

句式是句子的特征分类。句子的特征是多方面的，诸如句子的成分、句子的结构、句子的语义、句子的标记等。根据句子的特征，现代汉语中常见的句式有如下几种：

1.“把”字句和“被”字句

“把”字句和“被”字句都是由介词引入介词宾语充当状语的句式。“把”字句表示主动的、使动的语法意义，“被”字句表示被动的、使动的语法意义。不过，二者的语义结构基本上是对应的。在语法构造的条件上，“把”字句和“被”字句基本上也是相同的。“把”字句和“被”字句基本格式都可以概括为：

主语＋(把／被)＋宾语＋述语＋后续成分。例如：

张三把李四打了一顿。→李四被张三打了一顿。

根据句式表达的语义，“把”字句和“被”字句可以分为如下类型：

(1)处置型。“把”字句表示对一定的对象进行处置，“被”字句表示一定的对象被处置。例如：

张三把李四打了。→李四被张三打了。

警察把歹徒抓住了。→歹徒被警察抓住了。

村民们把小偷打折了一条腿。→小偷被村民们打折了一条腿。

狼把羊叼走了一只。→羊被狼叼走了一只。

我们把日本队打败了。→日本队被我们打败了。

大雨把衣服淋湿了。→衣服被大雨淋湿了。

洪水把房屋冲倒了。→房屋被洪水冲倒了。

他把南京城跑遍了。→南京城被他跑遍了。

(2)转变型。“把”字句表示对一定的对象进行转变，“被”字句表示一定的对象被转变。例如：

人们把荒山改变成绿水青山。→荒山被人们改变成绿水青山。

石油工人把荒原建成了大油田。→荒原被石油工人建成了大油田。

把顽石雕琢成美玉。→顽石被雕琢成美玉。

把废料加工成工艺品。→废料被加工成工艺品。

把不利因素转化为有利因素。→不利因素被转化为有利因素。

(3)看待型。“把”字句表示对一定的对象进行看待、判定，“被”字句表示一定的对象被看待、判定。例如：

人们把绿水青山看成是金山银山。→绿水青山被人们看成是金山银山。

人们把珠峰称为世界屋脊。→珠峰被人们称为世界屋脊。

网友们把鹰击-12导弹叫作航母杀手。→鹰击-12导弹被网友们叫作航母杀手。

非洲人民把中国看作真正的朋友。→中国被非洲人们看作真正的朋友。

法院把“某某案件”认定为一起恶性案件。→“某某案件”被法院认定为一起恶性案件。

(4)位移型。“把”字句表示对一定的对象进行移动或转移，“被”字句表示一定的对象被移动或转移。例如：

妈妈把花盆搬到阳台上。→花盆被妈妈搬到阳台上。

阿姨把孩子送到幼儿园。→孩子被阿姨送到幼儿园。

父亲把钱存到银行里。→钱被父亲存到银行里。

台风把大树卷到了空中。→大树被台风卷到了空中。

他时刻把人民的利益放在心上。→人民的利益被他时刻放在心上。

你把这封信送给老李。→这封信由你送给老李。

小王把那份材料交给了李局长。→那份材料让小王交给了李局长。

(5)致使型。“把”字句表示一定的因素的影响使一定的对象产生变化，“被”字句表示一定的对象被一定的因素的影响而产生变化。例如：

这个消息把他吓出了一身冷汗。→他被这个消息吓出了一身冷汗。

这个小品把大家逗得哈哈大笑。→大家被这个小品逗得哈哈大笑。

9·11事件把全世界都震惊了。→全世界都被9·11事件震惊了。

一句话可以把整个计划毁掉。→整个计划可以被一句话毁掉。

2.双宾句

句子的述语带有两个宾语的句子叫做双宾句。双宾句表达的基本意义是转移意义。双宾句的一般格式如下：

主语＋述语＋近宾语(间接宾语)＋远宾语(直接宾语)。

根据双宾句中充当述语的动词的语义特点，双宾句一般分为如下类型。

A.给予类双宾句。这类双宾句中的述语动词表示给予义。例如：

我给小明一本书。/小王送李科长一份礼。/大伟告诉我们一个好消息。/张老师教我们数学。/学校奖励张教授一栋住房。

你先安排他一个工作。/张三扔李四一根香烟。/张三媳妇泼李四一身水。

有的动词的给予义是本身就有的，如上面例句中的“给、送、告诉、教”等；有的动词的给予义是在句子结构中临时获得的，如上面例句中的“安排、扔、泼”。

B.取得类双宾句。这类双宾句中的述语动词表示取得义。例如：

小偷偷了老王家一辆自行车。/张三赢了李四二百块钱。/小明拿了我一本书。/警察罚了他十元钱。/王科长收了工头两万块钱。

“借、租、赁”等动词既可以表示给予义，又表示取得义，因此，下边的句子有歧义：

张三借了李四一万块钱。/张三租了李四一间房。

C.称说类双宾句。这类双宾句中的述语动词表示称说、看待意义。例如：

人们称他泥人张。/我们都叫他大哥。/赵老大骂他老婆贱货。/大家都当他好人。

(4)消除类双宾句。这类双宾句中的述语动词表示消耗、消灭、除去等意义。例如：

今天大伙儿吃了张三一顿酒。/他半天抽了我一盒烟。/张三吃了李四一个马。/我军消灭了敌人一个团。/他一个月花了家里五千块。

(5)存放类双宾句。这类双宾句中的述语动词表示存储、放置等意义，句子中要求出现一个处所成分。例如：

老王存银行里十万元。/小明塞我书包里两个橘子。/小梅放窗台上一盆花。

3.存现句

存现句是表示某处所存在、出现、消失某些人或事物的句子。存现句的基本格式为：

处所主语＋述语＋宾语。

根据存现句表示的意义，存现句可以分为如下几类：

(1)表示存在。例如：

山上有一座庙，庙后面是一片松林。/深蓝的天空中挂着一轮金黄的圆月。/教室里坐满了同学。/草原上洒满了白云般的羊群。

(2)表示出现。例如：

半路上杀出个程咬金。/商店里到了一批货。/西天边上涌起了团团乌云。/我的脑子里突然闪出一个念头。

(3)表示活动。例如

台上唱着黄梅戏。/广场上扭着大秧歌。/屋里开着联欢会。/礼堂里放着电影。

(4)表示消失。例如：

村里死了一头牛。/书架上少了一本书。/他家跑了一只猫。/会场里走了几个人。

(5)表示破损。例如：

手上划了一道口子。/裤子上开了一条缝。/头上掉了一块皮。/桌子断了一条腿。

4.“是”字句

“是”字句是由判断动词“是”充当句子述语的句子。就语义关系来说，“是”字句中主语和宾语之间的判断关系也是复杂多样的。分述如下：

(1)表示等同判断。主语和判断宾语表示同一的人或事物。这种判断句中的主语和判断宾语一般都是表示个体。具有等同关系的主语和宾语的位置可以互换。例如：

那个人是董校长。/明天是星期天。/老舍是《骆驼祥子》的作者。

(2)表示类属判断。主语表示个体,判断宾语表示种类。例如:

螳螂是昆虫。/ 牛是动物。/ 铁是金属。

(3)表示归属判断。主语表示个体,判断宾语表示主语所属的团体或单位。例如:

我是中文系。/ 他是二班。/ 小李是第三中学。

(4)表示特征判断。主语表示人或事物,判断宾语表示人或事物的特征或状况。例如:

这孩子是双眼皮。/ 那个女孩是牛仔裤。/ 这个老外是黄头发。

(5)表示存在判断。主语表示处所,判断宾语表示存在的人或事物。例如:

前面是一条河。/ 教室里是一排排整齐的桌椅。/ 墙上是一幅地图。

(6)表示比喻判断。例如:

祖国是我们的母亲。/ 他是一只老狐狸。/ 我是一棵无人知道的小草。

5.“有”字句

“有”字句是动词“有”充当述语的句子。根据“有”在句子中显示的语义,“有”字句可以分为以下几种:

(1)“有”表示“拥有、领有”意义。例如:

我军有五百辆坦克。/ 我国有丰富的地下宝藏。/ 我有两辆自行车。

(2)“有”表示存在意义。例如：

前面有一条河。/ 墙上有一幅地图。/ 教室里有几个同学。

(3)“有”表示估测意义。例如：

这块肉有三斤重。/ 那个人有两米高。/ 现在可能有十点钟了。

上述这些概括出的语义关系和分出的语义类型主要是帮助老师和同学们准确精细地理解与掌握词组和句式的意义，为理解整个文本奠定基础。

第五章

中学课文文本的信息分析

5.1 信息语法简说

信息语法是研究语言传递信息的语法。信息语法的研究内容大致如下：

(1)语言形式的信息功能，包括句子(句类)的信息功能、句子成分的信息功能、各类虚词(介词、助词、语气词)的信息功能等。

(2)信息的类型和功能。从事件成分同信息的关系来看，句子成分的信息可以分为背景信息、基本信息、附加信息三类。背景信息提供事件的时间、空间，基本信息提供事件中的人和物，附加信息提供属性、状况、条件的信息。

(3)信息的性质。从信息同客观世界和说话人(发信者)、听话人(受信者)之间的关系来看，句子信息可分为客观性信息和主观信息。客观性信息包括实体信息、属性信息、行为信息等；主观性信息包括情态信息、评价信息、估测信息等。

从听话人对信息的评价来看，句子的信息可分为一般信息和焦点信息(重要信息)。

从信息的表现形式来看，信息可以分为显性信息和隐性信息。显性信息是语言符号及其组合体字面上表达、传递的信息，隐性信息则是语言符号及其组合体蕴含的或间接表达、传递的信息，如蕴含信息、前提信息、言外之意等。

(4)句子信息的理解机制和理解策略。人们是如何理解句子的信息的，在句子信息的理解时运用了什么策略和方法。

我们尝试把信息语法的分析方法运用到中学语文教学中去，对中学语文课文文本进行信息分析。下面我们就结合中学语文课文文本中的具体实例谈谈信息分析的运用，并对相关的问题进行讨论。

5.2 句子信息结构和信息排列的基本原则

5.2.1 背景信息排列在前，基本信息(事件信息)排列在后

背景信息主要是时间信息、空间信息和话题信息。时间信息和空间信息的有定性最强，因而具有很强的定位作用。时间信息和空间信息确定了事件发生的时

间和地点，这符合我们对事件最普遍的认识：任何事情都是在一定的时间、一定的空间里发生、进行、变化的。

先说说时间信息。由于时间的一维性，所以时间信息的定位性最强。如果说话人实在不能给出有定性的时间信息，至少会给出模糊的时间信息。例如：

从前，有一个国王叫哈里斯，他有一个女儿叫白雪公主。

很久很久以前，有一个叫盘庚的人。

小时候，我有一个梦想——将来我要做一个教师。

上小学的时候，我还不识字呢。

我们来看看几篇课文的开头及其信息分析。

实例分析：

一九四六年的中秋。（《百合花》）

《百合花》这篇课文的开头是一个名词性非主谓句。如果按照传统的观念，这个句子用句子成分分析法是很难分析的，因为它不是主谓句，找不到主语中心语和谓语中心语。但是，从信息分析的角度来看，这个全篇开头的名词性非主谓句却提供了非常重要的时间信息，因此应当（甚至必须）加以分析。同时还应该指出这个时间信息蕴含的知识信息：中秋节是人们团圆的节日。然而就在这个团圆的节日，小通讯员却和他的爹、娘、姑姑、弟弟、妹妹永别了！而课文里讲述的那场战斗，是否可以叫做“为了团圆之战”呢？由此看来，“中秋”不仅提供了时间信息，“中秋”这个特定时间对于小通讯员以及整个战斗事件的表达也是有意义的。

实例分析：

鲁镇的酒店的格局，是和别处不同的。（《孔乙己》）

《孔乙己》这篇课文的开头是个形容词谓语句：

鲁镇的酒店的格局和别处不同。

“鲁镇的酒店的格局”是主语部分，其中“鲁镇”“酒店”采用递相附加的方式修饰中心语“格局”，形成一个复杂的定中词组（左向切分结构）。谓语部分是一个状中词组，介词词组“和别处”修饰中心语形容词“不同”，同时运用“是……的”格式对谓语部分进行强调。这就是传统的句子成分分析法的分析。这种分析对于阅读、理解课文帮助不大。

下面我们尝试对该句进行信息分析。

首先，主语部分“鲁镇的酒店的格局”这个复杂的定中词组采用递进的方式（电影中的推进：鲁镇→酒店→酒店格局），为全文提供了重要的空间信息：这个故事发生在鲁镇，并且以酒店为具体的、核心的场景；同时暗示这个故事和“酒”有密切的关系，包括酒店的掌柜、酒店的伙计、各色各样酒客等。

其次，谓语部分“和别处不同”是一个比较陈述，状语介词词组“和别处”引入比较对象“别处”（鲁镇以外的其他地方），谓语形容词“不同”则说明比较的结论，提供评价信息——鲁镇的酒店的格局与众不同。

最后，运用强调格式“是……的”来显示句子的焦点信息（重要的信息），强调说明鲁镇的酒店的格局的独特性，同时也说明句子提供的信息具有真实性、可信性。

一般来说，课文提供的空间信息除了为事件提供定位信息之外，还为事件中的人物提供活动的场景。因此，文本的阅读和理解应注意获取空间信息。

实例分析：

陶影独自坐公共汽车时，经常不买票。（《一厘米》）

《一厘米》的开头也是一个主谓句。这个句子的主语很简单，“陶影”提供了事件的主角信息；根据“陶影”这个名字的分析，我们还可以判定：这个主角是女性。

这个句子的谓语却很复杂，提供的信息也是多方面的。

我们来分析一下这句话中状语提供的信息。状语包括“独自坐公共汽车时”“经常”“不”三个部分。

“独自坐公共汽车时”提供的是时间信息，是一个伴随时间信息，这个时间不是根据时间轴上的坐标来确定的，而是根据同行为的伴随关系来确定的——乘坐公共汽车的时候，而且是独自乘坐公共汽车的时候。这种伴随时间信息不是固定的，具有多次性、重复性和条件性：坐公交车，并且独自坐公交车，并且不止一次，并且有其特点。“独自坐公共汽车时”这部分状语不仅提供了时间信息，而且给出了时间信息的类型，并且给出了时间信息的特点。这些信息还引发了一些信息，为整个文本的展开设置了一个强烈的悬念：如果陶影不是独自乘坐公交车呢？这个文本开头具有多种表达功能和信息功能。由此可见，状语提供的信息绝不亚于主语提供的信息，换言之，从表达角度和信息角度来说，状语的重要性可能比主语更重要。

“经常不买票”中的“经常”是个副词，也是状语的一部分，修饰动词或动词性词组的时候，表示动作行为长时间地发生或出现，具有一贯性。如果没有特殊的情况，这种一贯性一般不会改变。只有偶然的因素或情况才会影响到这种一贯性。这里，“经常”把悬念进一步强化并复杂化了：陶影什么时候才不“经常”呢？

“不买票”中的“不”是个否定副词，它的语法作用是否定，这一点众所周知，无需赘言。可是，这个“不”提供了什么信息呢？我们认为：这个“不”修饰“买票”所提供的信息是一种反常信息——违反常理的信息，“不＋动”可以表示违反常理的行为。例如：

坐车——不买票　　教师——不教书
吃饭——不付钱　　学生——不上课
欠债——不还钱　　农民——不种地
杀人——不偿命　　工人——不做工

在我们对状语部分分析过以后，我们现在看得比较清楚了：“不买票”这个违反常理的信息及其所表示的违反常理的行为是作者设置的悬念的基础，而“经常”“独自坐公交车时”则把悬念强化和复杂化，为文本下文的展开开了一个富有吸引力的好头。

实例分析：

我冒了严寒，回到相隔二千余里，别了二十余年的故乡去。(《故乡》)

《故乡》的开头是一个比较复杂的句子，其中状语提供的信息和定语部分提供的信息值得分析讨论。

《故乡》的开头可以缩略为：我——回到——故乡。

该句子形式提供了事件的基本信息：主角——行为(位移)——处所(目的地)。

状语"冒了严寒"首先提供了状况信息，说明"我"回到"故乡"的气候状况和返乡的迫切心情(严寒也挡不住)。这里特别应该指出的是，这个状语同时还提供了时间信息："严寒"蕴含着冬天。与此类似，"酷暑""金风"都可以提供蕴含的时间信息。

宾语"故乡"的定语比较复杂，由"相隔二千余里"和"别了二十余年"两个部分构成。"相隔二千余里"提供的是空间信息，说明"我"此次位移距离之远，同时也说明"我"的寄居地(北京)和故乡(绍兴)的地理状况。"别了二十余年"提供的是时间信息，说明"我"是离别故乡二十余年后返回故乡，同时也说明离别故乡之久。"相隔二千余里之远"和"别了二十余年之久"共同表达了"我"对故乡强烈的思念之情。

通过上述各例的分析，我们可以看到，背景信息(时间信息、空间信息)对于文本阅读理解的重要性；我们也看到，时间信息、空间信息的类型是多样的：有精确的，有模糊的，有伴随的，还有蕴含的；我们还看到：课文文本提供时间信息、空间信息的方式是多样的：有的独立提供，有的利用状语提供，有的利用定语提供，有的利用宾语提供。要想在阅读课文时获取这些时空信息，一定要加强课文文本的信息分析。

5.2.2 话题信息排列在前，话题内容信息在后

对于一个语段或者一个语篇来说，话题处于核心或中心的地位，因此，话题对语段内容或语篇内容具有统摄作用。下面我们以《看云识天气》这篇课文的第一语段来分析一下语段的话题和对话题的陈述说明的状况，并说明话题的统摄作用。

天上的云，真是姿态万千，变化无常。它们有的像羽毛，轻轻地飘在空中；有的像鱼鳞，一片片整整齐齐地排列着；有的像羊群，来来去去；有的像一床大棉被，严严实实地盖住了天空；还有的像峰峦，像河流，像雄狮，像奔马……它们有时把天空点缀得很美丽，有时又把天空笼罩得很阴森。刚才还是白云朵朵，阳光灿烂；一霎间却又是乌云密布，大雨倾盆。(《看云识天气》)

在这个语段中，"天上的云"是话题，其余的部分是对话题的陈述和说明。陈述和说明分为两部分，即"姿态万千"和"变化无常"，分别从形状、变化两个角度对"天上的云"进行陈述说明；下面的部分分别对"姿态万千"和"变化无常"进行具体的描述："它们有的……；有的……"是对"姿态万千"的具体描述；"它们有时……有时……"是对"变化无常"的具体描述。这样，整个语段以"天上的云"为话题，通过对话题的陈述说明，以及更具体的描述形成了一个有机的整体。

正是因为话题的统摄作用，所以，为了让话语的接收者更好地理解话语，话语的发送者一般都会较早、较快地传递出话题信息。

我们下面以几篇课文的开头进行实例分析。

实例分析：

一谈到读书，我的话就多了！(《忆读书》)

对于上面这个语句，传统的语法分析是这样的：上面这句话是一个复句。连接这个复句的是一个常见的语法格式："一…就…"。这个格式由数词"一"和副词"就"关联而成。这说明"一…就…"格式具有关联功能。

传统语法的上述分析只分析了"一…就…"格式的关联功能，但是在语义方面的分析较为粗疏，而且还漏失了其他方面的表达信息。

首先是"一谈到读书，我的话就多了"这句话的表达作用。动词"谈到、谈起、说到、说起、提到、提起"等是话题的标记，具有引进话题的功能。"谈到读书"引进话题，然后用"一……就……"格式引出话题的陈述部分。

"一……就……"格式不仅具有引进话题的功能，而且还有引发话语的作用，所以经常用来引发语段。例如：

一提起我们的王老师，大家就有说不完的故事。有一次，……。还有一次，……

一说起那件事，我的气就不打一处来。那一天，……

一谈到足球，他的话马上多起来了。足球明星如数家珍，经典赛事一一道来，……

《忆读书》是这篇课文的题目，也是整个语篇的总话题。这篇课文一开始就向读者传递了这个信息——这篇文章是谈读书的，并且话很多。这个开头不仅给出了话题信息，而且具有很强的信息引发功能：为什么一谈到读书你的话就多呢？你是怎么样读书的呢？读书有什么讲究吗？等等。这样就为全文的展开开了一个好头。

其次是“一…就…”格式的语义分析。“一…就…”这一格式可以表达“条件—结果”的逻辑语义关系。“一…就…”这一格式当表达这种意义的时候，这个格式连接的是条件复句。条件复句可以表达三种条件关系：必要条件关系、充要条件关系、无条件关系。

必要条件关系复句表达意义是：有了一定的条件，就会产生一定的结果，但是不一定必然产生一定的结果。例如：

只有努力学习，才能提高成绩。（但是不一定必然提高成绩）

充要条件关系复句表达的意义是：有了一定的条件，就一定会产生一定的结果，并且必然产生。例如：

只要努力学习，就一定能提高成绩。

无条件关系复句表达的意义是：不管条件如何，都会产生一定的结果。例如：

不管（无论）犯罪分子多么狡猾，都逃脱不了法律的严惩。

“一…就…”格式表达的意义是充要条件关系。其意义相当于“只要…就…”表达的意义。这是二者共同之处。“一…就…”格式同“只要…就…”格式相比，还有自己的特点：其一，“一…就…”格式比“只要…就…”格式表达的“条件—结果”关系更密切一些；其二，“一…就…”格式对条件的要求是“小量”，即要求更低一些。例如：一考就考上了。/一枪就打中了。/一猜就猜到了。其三，“一…就…”格式更口语化。

除了连接复句之外，“一…就…”格式还可以用在紧缩句之中。例如：

我一看就会。/他一听就懂。/小兰一吹风扇就感冒。/小明一见数学题头就晕。

冰心老人用“一…就…”格式表达“读书”和“回忆”之间的充分而必然的关系，说明冰心老人读书的经历既早又长，读的书既多又广，对读书的感受非常深切。

注意，下面例子中的“一…就…”格式不表达“条件—结果”关系，而是表达总量：

他一讲就讲了两个小时。/我在广东一住就是十年。/大刚一顿就吃了十个面包。

实例分析：

花朵的红色是热情的色彩。(《花儿为什么这样红》)

《花儿为什么这样红》这篇课文是一篇科普作品，因此对表达的逻辑性、准确性有较高的要求。严格地说，“花儿为什么这样红”作为篇名是不太准确的。因为篇名中的“花儿”指的是所有的花儿，而花儿的颜色除了红色，还有其他颜色，例如迎春花、向日葵、菊花就以黄色居多，为什么不说“花儿为什么这样黄”呢？所以，为了表述的准确性，作者一开头就确定了话语的范围(语言学的术语叫“论域”)——花朵的红色，把篇名的话语范围限制在“花朵的红色”这个话题之内。注意:“花朵的红色”和“红色的花朵”是不同的。“花朵的红色”表达的信息是:“红色”是话题,“花朵”则限制话题的范围(不是云霞的红色,也不是地毯的红色等);而“红色的花朵”表达的信息是:“花朵”是话题,“红色”则限制话题的范围(不是黄色的花朵,也不是紫色的花朵等)。由于“花朵的红色”对篇名“花儿为什么这样红”进行了限制,所以课文以下各段都以“花儿为什么这样红?”开头,就不会给人以偏概全的感觉了。

实例分析:

春天到了,西花厅的海棠花又开了。(《西花厅的海棠花又开了》)

这篇课文的开头向读者提供了丰富的信息。

首先,“春天到了”提供了文本的时间信息,而且还蕴含着深一层的信息:春天是万物欣欣向荣的季节,海棠花、海棠花现在的主人,还有整个国家都处在欣欣向荣之中,正如作者在后面写的:“祖国的今天,正在开着改革开放之花,结着丰硕的果实。国家繁荣昌盛,人民生活幸福。”

其次,“西花厅”给出了空间信息,而且蕴含着一个知识信息——西花厅是我们敬爱的周恩来总理办公的地方。西花厅的海棠花陪伴着辛劳的周总理度过了漫长的日日夜夜。

再次,海棠花是周恩来总理喜爱的花,海棠花灿若云霞,海棠果酸甜味美,海棠把自己的精华都献给了人类,这也许就是周恩来总理喜爱海棠花的原因吧。从某种意义上说,海棠花也许就是周恩来总理“无私奉献,一心为民”精神的一种写照。

最后,句中的“又”提供的前提信息。所谓前提,是使一个事件成立的条件。一个句子表达的内容可以称为一个事件。一个事件的前提也就是使一个句子的内容成立的条件。例如:

今年又是个大丰收。

要使“今年又是个大丰收。”这个句子的成立。那么,这个句子最起码的前提是:去年是个大丰收。

同样,根据我们的常识,花儿一般年年都会开放的。所以,“春天到了,西花厅的海棠花又开了”的前提是:西花厅的海棠花去年春天开了,并且西花厅的海棠花前年春天开了……并且西花厅的海棠花在二十六年前的春天就已经开了。

正是因为有了这个前提,所以今年的海棠花开才是“又开了”。由于“又”的前提的作用,这就把今年与以前的时间联系起来了——二十六年前,海棠花已开。海棠花陪伴着我们共同度过了二十六年,又陪伴着“我”度过了十二年。

5.2.3 附加信息往往是重要的信息——焦点信息

句子的基本格式“主语+谓语+宾语”表达的是基本信息,或者说是一般信息。如果说话人认为有必要更明确地表达信息,或者要再表达其他信息时,就会对基本格式进行扩充或补充,增加修饰成分或补充成分。所以,信息语法认为,处于修饰位置上的成分(定语、状语)或补充位置上的成分(补语)表示的信息往往是比较重要的信息,甚至是全句的焦点信息。句子成分的缩略已经说明修饰成分、补充成分的信息的重要性。以缩略为例:

张三不是坏人。——→张三是坏人。

缩略掉状语“不”,否定句变成了肯定句,句义反转。

张三没有杀人。——→张三杀人。

缩略掉状语“没有”,否定句变成了肯定句,句义反转。

刻苦勤奋的学生是好学生。——→学生是学生。

缩略掉主语、宾语的定语“刻苦勤奋的”“好”,整个句子变成了一句废话。

中国队把日本队打败了。——→中国队打败了。

缩略掉状语介词词组“把日本队”,句义或者不完整,或者反转。

共产党为人民服务。——→共产党服务。

缩略掉状语“为人民”,“服务”行为没有了对象,句义不完整。当然,句子也不通。

因此,句子成分分析不能只注意两大中心词或“主—谓—宾”基本格式的分析,也要重视附加成分(定、状、补)的分析。

实例分析：

一个人能力有大小，但只要有这点精神，就是一个高尚的人，一个纯粹的人，一个有道德的人，一个脱离了低级趣味的人，一个有益于人民的人。（毛泽东《纪念白求恩》）

上例是毛泽东主席的《纪念白求恩》中的一段话，也是课文中的关键片段。在这个片段中，毛泽东主席提出了做人应具有的重要品质——毫不利己，专门利人，并对此进行了高度的评价，实际上也是对白求恩同志的高度而全面的评价。

在这个评价片段中，修饰语起着多方面的重要的作用。

首先，修饰语在语义和功能上起着重要的评价作用。如果缺少了修饰语，缺少了修饰语的评价功能，这个关键性的片段还能传递什么信息？还有什么表达功能呢？

其次，这个关键性片段还运用了排比手法。排比可以增强语言的气势。构成排比的机制主要是替换。拿上面的这个实例来说，“一个高尚的人”确定了排比的基本格式，然后依次用“纯粹的、有道德的、脱离了低级趣味的、有益于人民的”对“高尚的人”的修饰语进行替换，就形成了一个很有气势的排比片段。但是，上面这个实例如果没有修饰语，没有修饰语的替换，那还会形成排比片段吗？还会有一波更比一波强的语势语气吗？

请同学们记住：有些时候，修饰语的作用是很重要的！

5.2.4 注意文本信息的不同层次

课文文本传递给我们的信息有简单和复杂的区别。有的课文文本传递给我们的信息比较简单，有的课文文本传递给我们的信息则比较复杂，需要我们进行多层次的理解，这样才能完整地接收课文文本传递的信息。

实例分析：

母亲扑过来抓住我的手，忍住哭声说：“咱娘儿俩在一块儿，好好儿活，好好儿活……”

别人告诉我，她昏迷前的最后一句话是："我那个有病的儿子和我那个还未成年的女儿……"

我懂得母亲没有说完的话。妹妹也懂，我俩在一块儿，要好好儿活……（《秋天的怀念》）

《秋天的怀念》课文后的"思考探究"三中提出：课文中两次出现"好好儿活"这个关键语句，联系上下文，谈谈你对这句话的理解。那么，我们该怎样理解"好好儿活"这句话呢？

从语言分析的角度来看，"好好儿活"这句话是由形容词"好好儿"和动词"活"组合而成的。因此，要准确、全面地理解"好好儿活"这句话的意思，我们首先要理解掌握"好好儿"和"活"的词义。我们先来看看《现代汉语词典》对"好好儿"的词义的解释：

【好好儿】①形容情况正常；完好：那棵百年老树，至今还长得~的|~的一支笔，叫他给弄折了。②尽力地；尽情地；耐心地：大家再~想一想|我真得~谢谢他|咱们~地玩儿几天|你~跟他谈，别着急。（《现汉》503页）

"活"的词义表面上看起来比较容易理解掌握："活"就是生存，有生命。其实"活"的情况是非常复杂的。撇开动植物不说，仅仅人类的"活"就很不容易说清楚。不同的人分属不同的阶层或群体，他们活的目的和追求也各不相同；不同的人有不同的活法，不同的人活的方式不同：有的人希望活得平平安安，有的人则希望活得充满挑战；有的人希望一生大富大贵，有的人则希望一生粗茶淡饭；有的人活着只为自己，有的人活着则是为了奉献，如此等等。"活"的情况如此复杂，那么"好好儿活"对于不同的人，在不同的情况下，就有不同的感受、理解和意义。因此，我们有必要结合课文中不同的语境，对"好好儿活"所表达的意义进行分析。

"好好儿活"这句话在课文中一共出现了三次。我们先来看看第一次出现的语境状况。

课文呈现：

双腿瘫痪后，我的脾气变得暴怒无常。望着望着天上北归的雁阵，我会突然把面前的玻璃砸碎；听着听着李谷一甜美的歌声，我会猛地把手边的东西摔向四周的墙壁。母亲就悄悄地躲出去，在我看不见的地方偷偷地听着我的动静。当一切恢复沉寂，她又悄悄地进来，眼边儿红红的，看着我。“听说北海的花都开了，我推着你去走走。”她总是这么说。母亲喜欢花，可自从我的腿瘫痪后，她侍弄的那些花都死了。“不，我不去！”我狠命地捶打这两条可恨的腿，喊着，“我可活什么劲！”母亲扑过来抓住我的手，忍住哭声说：“咱娘儿俩在一块儿，好好儿活，好好儿活……”（《秋天的怀念》）

由课文呈现可知：当时“我”双腿瘫痪，对生活已经失去希望，自暴自弃，产生了轻生的念头。这时候，慈爱的母亲对瘫痪的儿子说：“咱娘儿俩在一块儿，好好儿活，好好儿活……”（提示：请注意句尾的省略号及其含义。）

从句子的性质来看，母亲的话语整体上是祈使性的。母亲的话语具有劝阻、鼓励、明理多方面的功能。请看下面的分析。

“咱娘儿俩在一块儿”这句话劝阻、鼓励的功能是明确的，句义也比较明白：“咱娘儿俩相依为命；再苦再难，妈妈都会陪着你，和你在一块儿。妈妈不能没有你！”紧接着“咱娘儿俩在一块儿”说出的“好好儿活，好好儿活……”不仅有要求，更有鼓励：“好好儿活，好好儿活——儿子，你不能轻生！你要努力活下去！”

“好好儿活”这句话在课文中第二次出现的情况是隐性的。我们来看看其语境状况。

课文呈现：

邻居的小伙子背着我去看她的时候，她正艰难地呼吸着，像她那一生艰难的生活。别人告诉我，她昏迷前的最后一句话是：“我那个有病的儿子和我那个还未成年的女儿……”（《秋天的怀念》）

由课文呈现的语境可知，当时是母亲是临死前说的最后一句话，而且是没有说完的一句话。因为在课文的结尾作者这样写道：“我懂得母亲没有说完的话。妹妹也懂，我俩在一块儿，要好好儿活……”这句话表达了母亲最后的愿望，是一个祝愿句，句义似乎应该有两层意思：

第一层意思：好好儿活——希望我那苦命的儿子和年幼的女儿一生消灾解难，平平安安，相依为命，安度一生。

不过作为母亲，她还有更高的期望，那就是第二层意思：好好儿活——不仅希望我的儿子和女儿平安正常地活着，更希望我的孩子活得有价值，有尊严，成为一个有益于社会、有益于人民的人！

“好好儿活”这句话在课文中第三次出现的情况也是隐性的，我们来看看其语境状况。

课文呈现：

又是秋天，妹妹推我去北海看了菊花。黄色的花淡雅、白色的花高洁、紫红色的花热烈而深沉，泼泼洒洒，秋风中正开得烂漫。我懂得母亲没有说完的话。妹妹也懂，我俩在一块儿，要好好儿活……（《秋天的怀念》）

根据课文呈现的语境可知：母亲想要说出而没有说完的话是“你们俩在一块儿，要好好儿活”。这句话是无声的，但是从课文中我们可以感觉到，这句话却时时刻刻回响在“我”的耳边，流淌在“我”的血液中。所以，虽然母亲已经离去，母亲也没有对“我”和妹妹再一次说出“好好儿活”，但是“我”和妹妹都懂得母亲没有说完的话：要好好儿活……

从“好好儿活”这句话里，“我”懂得了什么？

——我要好好儿活，让母亲不再为我牵挂，为我忧虑；好好儿活着才能报答母亲的生育之恩，养育之情。

——我要把“好好儿活”这句话作为我人生的座右铭，生命进程的动力，人生的责任和指南！

——我要好好儿活，要活得有价值，要做一个有益于社会、有益于人民的人。春蚕到死丝不断，留赠他人御风寒。蜜蜂酿就百花蜜，只愿香甜满人间。我愿做一条春蚕，一只蜜蜂。

——我要好好儿活，要活得堂堂正正，要活得有尊严；要鞠躬尽瘁，无愧今生！要洒尽热血，不留遗憾！

史铁生是真的懂了母亲的话。他在离开这个世界之前立下遗嘱:死后捐献遗体。他把自己的一切毫无保留地献给了世界!

现在我们来归纳一下,“好好儿活”这句话可以表达四层意思:

第一层意思。当我们把“活”视为生活中的生理状态或身体状态的层面,那么“好好儿活”表达的意思就是正常地活着。例如,在“好好儿呆在家里、好好儿躺着、好好儿走路、好好儿吃饭、好好儿睡午睡”等这类组合中,“好好儿”修饰的一般都是日常的,具有一定规范性的行为或状态,显示的都是“正常地,规规矩矩地”的意义。

课文中,母亲在临终前没有说出的“你们俩在一块儿,要好好儿活”,其中主要表达的就是“好好儿活”的第一层意思。

第二层意思。当我们把“活”视为生活中的一个组成部分的性质,那么“好好儿活”表达的意思就是快意地、尽情地活着,要活得有滋有味,喜欢做什么就做什么,尽情地享受生命的快乐。例如,在“好好儿玩一玩、好好儿摸几把、好好儿吃一顿、好好儿聚一聚、好好儿度几天假、好好儿风光一次、好好儿享受享受”等这类组合中,“好好儿”修饰的一般都是日常生活中娱乐性的、享受性的行为,显示的都是“快意地、尽情地”的意义。

课文中出现的“好好儿活”没有表达第二层意思的用例。妹妹推我去北海看菊花更多的是怀念母亲,了却母亲的遗愿,而几乎没有赏菊怡情的成分。

第三层意思。当我们把“活”视为社会中的责任行为的层面,那么“好好儿活”表达的意思就是努力地、竭尽全力地活着,要做好自己的社会角色,要做好自己的社会工作,要尽到自己的社会责任。例如,在“好好儿学习、好好儿教书、好好儿工作、好好儿训练、好好儿当兵、好好儿执法、好好儿做事”等这类组合中,“好好儿”修饰的一般都是社会中责任性的工作行为,显示的都是“努力地、竭尽全力地”的意义。

课文的结尾说:我懂得母亲没有说完的话,妹妹也懂。我俩在一块儿,要好好儿活……这句“要好好儿活”表达的意思中,相当一部分都属于第三层意思。

第四层意思。当我们把“好好儿活”上升到生命观的层面上来看,即人为什么要活着?人活着为了什么?人应该怎样活着?我们发现,“好好儿活”这句话表达的意思基本上可以回答这些问题。“好好儿活”的意义涵盖了“好好儿珍惜生命,好好儿做人，好好儿干一番事业，好好儿为人类做贡献”等这些话表达的意思，“好好儿活”表达的意思可以表述如下：

要好好儿活，要珍惜生命，尊重生命。因为人最宝贵的东西就是生命。生命对于每个人只有一次。生命是父母的恩赐，是上天的恩赐。好好儿活着实际上是每个人的一种责任，一种使命。无论生活多么艰难，每个人都要尽力地、努力地活着。

要好好儿活，要好好儿做人，做一个无私奉献的人。一个人能力有大小，但只要有这点精神——毫不利己，专门利人——就是一个高尚的人，一个纯粹的人，一个脱离了低级趣味的人，一个有益于人民的人。

要好好儿活，生当作人杰，风流看今朝！捧着一颗心来，鞠躬尽瘁而去；燃烧生命，无愧今生！

通过上面的分析，我们可以看到：“好好儿活”实际上可以表达四个层次的意思。在这四个层次意思中，前三个层次的意思表达的是不同层次的人生观，第四个层次的意思表达的是生命观，说明生命是什么，应该如何看待生命，应该怎样活着。

最后附带说一句：以往的观点认为：《秋天的怀念》是史铁生对已故母亲的回忆，表现了史铁生对母亲深切的怀念，对母亲无尽的爱，以及史铁生对“子欲养而亲不在”的悔恨。这些观点和说法当然不错，然而更深层的东西是否应该进一步挖掘呢？比如说，人生观及其层次；生命认知的基本观点。

实例分析：

自此，我家永不养猫。（《猫》）

为什么“自此，我家永不养猫”？要解答这个问题，我们要做三个层面的分析。

第一个层面：“养猫”和“养猪”区别。

请思考：“养猪、养羊、养牛、养鸡、养鱼”和“养猫、养狗、养马、养鸟、养金鱼”的异同。

很明显的一个区别是：“养猪”等的目的一般还停留在物质层面、经济层面，而“养猫”的目的已经上升到精神层面和情感方面。“猪”和“猫”对于人类来说，也有了“畜”和“友”的区别。“宠物”——宠爱之物——这个词很清楚地显示了这一区别。正是因为人们在宠物身上注入了一定的、甚至很深的感情，所以一旦与宠物分离（死去、亡失、分别），人们才会产生“永失良友”的痛苦（例如警犬部队的战士退伍时的痛苦）。而“我家养了好几次猫”，“全部失踪或死亡”，“我”和我家的人的心情就可想而知了。

第二个层面：三只猫的结局和“我”的心态。

第一只猫：幼稚活泼，给人快乐；然红颜薄命，郁郁而殁。

“我”的心态是：初次养猫，便生爱心；但却不能保证猫的生命，眼看着小猫活生生死去。好一似宛转蛾眉马前死，君王掩面救不得。真正是无可奈何花落去，忍看小侣成新鬼。“我”伤痛郁郁！

第二只猫：金毛灵躯，精力充沛，多才多艺，捕鼠逗趣。一时大意，为贼劫去。

“我”的心态是：喜爱已极，唯恐失去。三妹一语成谶，爱猫失踪无消息。“我”连猫的安全都不能保证，怒极亦内疚之极！

第三只猫：出生被弃，天生忧郁；自惭形秽，烧损毛皮；与世无争，平平无奇；瓜田李下，被诬为贼，蒙冤忍辱出走，受尽饥渴而毙，至死不回家里。

“我”的心态是：冷淡于前，继之怀疑，诬良为盗，视猫如匪。真相大白，内心有愧；欲补救道歉，始终无机会。悔极痛极！

第三个层面：“自此，我家永不养猫”的话语性质、话语功能。

钱学森离开美国时说过一句话：“我不打算回来，我没理由再回来。”这样决绝的话语实际上就是钱学森发出的誓言，只不过没有采用宣誓的形式。同样，“自此，我家永不养猫”也是“我”的决绝的誓言。这句话出现在文末，誓言的性质更为明显。

誓言式话语的表达功能多用于表示决心、立下保证等。在情感表达上，誓言式话语一般都含有强烈、深切的感情。钱学森的话饱含着他的愤怒、憎恶和决心，而“自此，我家永不养猫”这句话则包含了三次失去“小侣”的伤痛、内疚、悔恨和忏悔，同时也呼应了开头，收束了全文。

5.2.5 注意信息的延伸

这里所说的信息延伸实质上也可以看作语义延伸。

语义延伸不同于语义蕴涵,也不同于言外之意。语义延伸是另外一种语义—信息现象。

语义蕴涵:西花厅的海棠花又开了。(该句蕴涵的语义是西花厅的海棠花以前开过)

言外之意——张三:今晚我请你吃饭。李四:我太太身体有点儿不舒服。(言外之意是谢绝邀请。)

在语义延伸现象中,话语延伸的语义既不是蕴涵在已有话语之中,也不是根据一定的逻辑语义关系从已有话语中推导出来。语义延伸是以一定的语句为基础而延伸出的语义,延伸语义是一种接续性(或后续性)的语义,它不像语义蕴涵、言外之意那样确定,延伸语义是一种可能的语义。《最后一课》这篇课文的结束句就是可以产生延伸语义的语句。让我们来具体分析一下。

实例分析:

课文呈现:

忽然教堂的钟敲了十二下。祈祷的钟声也响了。窗外又传来普鲁士兵的号声——他们已经收操了。韩麦尔先生站起来,脸色惨白,我觉得他从来没有这么高大。

"我的朋友们啊,"他说,"我——我——"

但是他哽住了,他说不下去了。

他转身朝着黑板,拿起一支粉笔,使出全身的力量,写了两个大字:

"法兰西万岁!"

然后他呆在那儿,头靠着墙壁,话也不说,只向我们做了一个手势:"放学了,——你们走吧。"(《最后一课》)

当这最后一课结束的时间终于到来的时候(教堂钟响十二下),韩麦尔先生是有话要说的:"我的朋友们啊,我——我——"。韩麦尔先生的话没有说下去,因为他哽住了。他在黑板上奋然写下了"法兰西万岁!"就是要向他的学生们表达自己没说出的意思。只是放学的时间到了,大家是否理解他的意思,每个人到底怎么想的,他们今后怎么办,怎么做,只能让他们自己去选择、去决定了——人各有志啊！所以，他只是向大家做了一个手势："放学了，——你们走吧。"

"放学了"——当"我"（小弗朗士）和教室里所有的人看到这"放学了"这个手势，看着黑板上的"法兰西万岁！"，他（还有他们）会有什么感想和感受呢？

——他们的最后一课结束了！

——教室、校园、学校，村镇、国土都沦陷了！他们再也不能来到这个教室听课了！

——最美的法语是他们共同的国籍，如今被剥夺了！他们再也不能说法语了！

——韩麦尔老师，他们的指路人，如今要离开他们了！他们再也不能见到韩老师了！

——他们成了亡国奴了，要做普鲁士人的可怜而又可耻的奴隶了！

那一刻，他（他们）才感到彻心的悲痛！沉重的耻辱！

那一刻，他们的心中埋下了复仇的种子！

那一刻，他们的胸中燃起了愤怒的火苗！

"你们走吧。"——当"我"（小弗朗士）和教室里所有的人看到这个手势以后，他（还有他们）会有什么感想和感受呢？

——韩麦尔先生让我们走——是让我们去做游山玩水的流浪儿吗？是让我们去做无国无家的孤魂野鬼吗？是让我们去做亡国奴吗？都不是！！！韩麦尔先生是让我们去做真正的战士，去为我们的国家——伟大的法兰西而战斗！

——那一刻，"我"和我们充满了爱国的激情！

——那一刻，"我"和我们愿意为祖国献身！

——那一刻，"我"和我们要和侵略者血战到底，用热血洗去耻辱！

上面我们分析出的语义就是延伸语义，这些语义是以"放学了，你们走吧"为基点延伸出来的。当然，正像前面我们指出的那样，延伸语义是一种可能语义。我们这里分析出的延伸语义也是一种可能语义。"放学了，你们走吧"这个手势传递的信息也可能延伸出另外一种语义——以悲愤、痛苦为基调的语义。不过，我们觉得，知耻而后勇。对于热血澎湃、激情洋溢的法兰西民族，我们上面的延伸语义的分析可能更符合他们当时的心理吧。

5.3 小结

通过上述分析讨论，我们可以看到，对中学课文文本进行信息分析，可以对文本表达的信息进行范围更广、层次更深的分析，从而获取更广泛、更深层的信息，这对于提高语文阅读理解质量、提高学生的思维水平和素质，都是很有帮助的。这也说明，把信息语法的有关知识及其分析方法融入中学课文文本的分析和解读，是一条充满希望的可行之路。

第六章

中学课文文本的语用分析

6.1 语用学简说

美国符号学家莫里斯把符号学的研究分为三大分支学科:研究符号和世界关系的叫语义学;研究符号和符号之间关系的叫语形学(也叫句法学);研究符号和符号使用者之间关系的叫语用学。

语用学主要研究以下方面的问题:

(1)指代和照应问题。

(2)话语的前提(预设)问题。

(3)言语行为分析。

(4)言外之意分析。

此外还有会话理论、言语交际原则、语用推理等方面的研究。

中学语文教材中的课文同其他作品一样,也是作者运用语言符号表达的结果;课文中的人物,也有言语行为;人物的话语,也涉及指代、言外之意等问题。因此,我们觉得,运用语用学的理论和方法,对中学语文课文文本进行分析,提高文本阅读教学的质量和学生的阅读理解能力,这应该是一件很有意义的事情。下面我们就结合中学语文课文的文本,谈一谈语用学几个方面的分析。

6.2 指代和照应

6.2.1 传统的照应理论和照应分析

一般词语是事物的代用品,而代词则是一般词语的代用品。代词的作用是不可替代的,代词的使用也是最频繁的。但是,代词本身是没有具体语义的。代词的语义要靠它所指代的词语的意义来确定。因此,要确定代词的语义及其指称的对象,就要确定代词的照应成分。这在语言分析中叫照应分析,也叫回指分析。

传统的照应理论可以简要表述如下:在话语或语篇的表达和理解中,如果一个成分A的意义需要依据另一个成分B进行解释说明,那么二者之间就形成照应关系:B是A的解释说明成分,A是被解释说明成分。例如:

东方红,太阳升,中国出了个毛泽东,他为人民谋幸福,他是人民大救星。

在上例中,人称代词"他"的语义需要依据名词"毛泽东"来解释说明,二者之间有照应关系。名词"毛泽东"是对代词"他"解释说明的成分,以确定"他"的所指和意义。代词"他"是被解释说明的成分。

为了便于教学和学生的理解,另一方面也是出于科学性的考虑,我们在上面的表述中没有采用传统的"先行语""照应语"等术语。比如"先行语"就未必先行。照应关系一般认为是一种语用关系,不过就其本质来说,照应应该是一种语义关系,即语义上的解释说明和被解释说明的关系。关于这一点,我们只要看一看上例中"毛泽东"的解释说明,就应该相信照应确实是一种语义关系。

实例分析:

"那只羚羊哪儿去啦?"妈妈突然问我。(《羚羊木雕》)

"羚羊木雕"是篇名,也是全文的总话题。这篇课文一开始就向读者传递了这个信息——这篇文章和"羚羊"有密切的关系。这个开头不仅给出了话题信息,而且具有很强的信息引发功能。为什么这么说呢?

一般来说,除了疑问指代,指代传递的都是有定信息(定指信息)。但是对指代的照应却有前照应和后照应之分。前照应指的是照应成分(也就是同指代有照应、呼应关系的成分)出现在指代成分前面。例如:

爸爸给了我一只木雕羚羊,那只羚羊真是太美了。

后照应指的是照应成分(也就是同指代有照应、呼应关系的成分)出现在指代成分后面。例如:

你看到那只羚羊木雕了吗?是爸爸送给我的。

课文以问话开头,"羚羊"既是问话句子的主语,又有"那只"限定,因此"那只羚羊”指称的对象是确定的，或者说是定指的。但是，由于“那只”出现在篇首，因此“那只”指代的内容必然出现在下文。这就形成了后照应。

那么，作者为什么不使用下面这样的问话开头呢：

爸爸给你的羚羊哪儿去了？

这就涉及指代的前照应和后照应的信息功能和表达功能的问题了。

如果就指代的前照应和后照应的说明解释功能来说，二者的说明解释功能几乎是一样的，至少没有本质上的区别。但是，二者在表达功能上还是有一定区别的。指代成分同前照应成分形成的关系是收束、归纳、总结的关系，也就是说，指代成分对前文出现的内容进行收束、归纳、总结。例如：

健康的身体，充分的准备，正常的发挥，这是取得中考胜利必不可少的条件。

而指代成分同后照应成分形成的关系是引发、控制、管辖的关系，也就是说，指代成分对其后出现的内容进行引发、控制、管辖。例如：

为了维护校园的清洁和美丽，我们向全校同学发出以下倡议：
一、不乱丢果皮杂物。二、不攀摘花木。三、不随地吐痰。……

作为文章的开头，除了优先提供时空信息和话题信息之外，还应该具有较强的信息引发能力，能够形成一定的悬念，引起并提高阅读者的阅读兴趣。比较起来，“那只羚羊哪儿去啦？”要比“爸爸给你的羚羊哪儿去啦？”多了一个待定信息（那只，哪儿），因此有更强的信息引发能力，能够形成更强的悬念。

实例分析：

真的，一直到现在，我实在再没有吃到那夜似的好豆，——也不再看到那夜似的好戏了。(《社戏》)

课文后的“研讨与练习”第一个问题是：“课文结尾说：‘真的，一直到现在，我实在再没有吃到那夜似的好豆，——也不再看到那夜似的好戏了。’对这个结尾应该怎样理解？你在生活中有这样的体会吗？”

要很好地理解《社戏》的结尾，我们就不能不谈指代和照应。

那夜的社戏，据作者自己文中所说的情况，其实不怎么样。

第一幕：一个黑的长胡子的背上插着四张旗的老生（赫赫有名的铁头老生）捏着长枪和一群赤膊的人打仗。（这铁头老生可以连翻八十四个筋斗，可是他却不翻筋斗。）

第二幕：接着走出一个小旦来，咿咿呀呀的唱。

第三幕：小旦虽然进去了，立刻又出来一个很老的小生。

（插曲：想喝豆浆，但是卖豆浆的聋子也回去了，没有。）

第四幕：忽而一个红衫的小丑被绑在台柱子上，给一个花白胡子的用马鞭打起来了。

（“我”的评价：在这一夜里，我以为这实在是要算是最好的一折。）

第五幕：然而老旦终于出台了。（“我”的担心：老旦本来是我所最怕的东西，尤其是怕他坐下了唱。可惜不幸被“我”言中，老旦还真的坐下了唱。）那老旦当初还只是踱来踱去的唱，后来竟在中间的一把交椅上坐下了。（我耐心的等着，许多功夫，）只见那老旦将手一抬，不料他却又慢慢的放下在原地方，仍旧唱。

“我”的感觉：看见大家也都很扫兴，才知道他们的意见是和我一致的（我也很扫兴）。

伙伴：双喜他们却就破口喃喃的骂。全船里几个人不住的吁气，其余的也打起哈欠来。

双喜：怕他会唱到天明还不完，还是我们走的好罢。

伙伴：大家立刻都赞成（走的时候还没忘记“骂着老旦”。可见离开时实在是攒了一肚子气！）。

真是乘兴而来，败兴而回！

那夜的豆是偷来的，也没有什么光彩的，用六一公公的话说：“双喜，你们这班小鬼，昨天偷了我的豆了罢？又不肯好好的摘，踏坏了不少。”

看看，不仅偷豆，而且还损坏庄稼。分别违反三大纪律第二条（不拿群众一针一线)和八项注意第六条(不损坏庄稼)。当受军纪处罚!

所以,就实际情况而言,应该说:戏不精彩,豆也羞于启齿。

但是,那夜的戏和豆对于“我”来说,却是刻骨铭心,终生难忘!为什么?

我们觉得,这大概由于如下两个原因,第一,失去的才是可贵的。上面我们说了,那夜的社戏实在是不怎么样。但是,真的要离开了,感觉立刻就不同了。你看:

而一离赵庄,月光又显得格外的皎洁。回望戏台在灯火中,却又如初来未到时候一般,又漂渺得像一座仙山楼阁,满被红霞罩着了。吹到耳边来的又是横笛,很悠扬……

第二,“那夜”是不可复制的!我们相信:自从“那夜”以后,“我”肯定又看了戏,而且不止一次;豆也吃了不少,而且也不止一次(实际上第二天晚饭时就又吃了一次豆。但“我”吃了豆,却并没有昨夜的豆那么好。)但是,“我”为什么再也没有吃“好豆”、看“好戏”的感觉呢?

请注意课文结尾里“豆”和“戏”的修饰语:作者对于“豆”,不从食材、佐料、烹调、滋味等方面修饰(例如鲜嫩的豆、美味的豆),却是从吃的时间上修饰——“那夜似的好豆”!对于“戏”,不从剧情、场面、服饰、演员、表演、唱腔等方面修饰(例如精彩的戏、热闹的戏、好听的戏),也是从看戏的时间上进行修饰——“那夜似的好戏”!可见给“我”留下最深印象的就是那个时间、那个令“我”梦牵魂绕、一生难忘的夜晚——那夜!

曾经沧海难为水,除却巫山不是云啊!

当我们读到“那夜”这个词时,根据词语的照应关系,我们立刻会回溯到课文的前面关于“那夜”的描写和叙述:

我们立刻一哄的出了门。

我的很重的心忽而轻松了,身体也似乎舒展到说不出的大。

……

我们已经点开船,在桥石上一磕,退后几尺,即又上前出了桥。于是驾起两支橹，一支两人，一里一换，有说笑的，有嚷的，夹着潺潺的船头激水的声音，在左右都是碧绿的豆麦田地的河流中，飞一般径向赵庄前进了。

……过了那林，船便弯进了叉港，于是赵庄便真的在眼前了。

最惹眼的是屹立在庄外临河的空地上的一座戏台，模胡在远处的月夜中，和空间几乎分不出界限，我疑心画上见过的仙境，就在这里出现了。

……而一离赵庄，月光又显得格外的皎洁。回望戏台在灯火光中，却又如初来未到时候一般，又漂渺得像一座仙山楼阁，满被红霞罩着了。吹到耳边来的又是横笛，很悠扬……

……那航船，就像一条大白鱼背着一群孩子在浪花里蹿……

……不久豆熟了，便任凭航船浮在水面上，都围起来用手撮着吃。……(《社戏》)

什么是前后照应？什么是余韵袅袅？什么是言有尽而意无穷?《社戏》的结尾就是！

为什么《社戏》的结尾会有这样的表达效果——因为“那夜”的照应功能，它指定了文本回溯的方向，确定了回忆的坐标，激活了存储的记忆，打开了回忆的闸门！

6.2.2 广义照应理论和照应分析

根据我们在中学语文教学实践中的观察，课文文本中类似于传统的照应关系，即语义上解释和被解释的关系并不限于指代词范围。

众所周知，词语意义概括的范围是不相同的。例如“动物”概括的范围就比“牛”大，而“牛”概括的范围又比“奶牛”大。一般来说，在表达中，有时词义概括范围较大的词语往往需要词义相对具体的词语进行说明解释，使词义具体化和明晰化，这样二者之间就形成了解释说明和被解释说明的关系，亦即照应关系。例如：

甲：最近我养了一只动物。

乙：什么动物？

甲：一头牛。

乙：什么牛？

甲：奶牛。

从上例中可以看出："牛"是对"动物"的说明，"奶牛"则是对"牛"的说明。这样，我们也可以认为："动物→牛→奶牛"之间同样存在着照应关系。这种照应关系是静态的上下义关系在话语或语篇中的动态表现。同理，整体—部分语义关系、集合—元素语义关系也可以表现为话语或篇章中的照应关系。推而广之，话语或语篇中的任一成分，只要该成分的语义需要依据与之相关的成分的解释说明才能确定，那么就应该属于照应。这就是我们所说的广义照应。

国内有关的研究者已经注意到名词的照应问题，并进行了相关的研究（例如徐赳赳的研究）。其实，语篇中的名词性、动词性、形容词性成分和相关的成分之间也存在着照应现象。我们对传统的照应理论加以扩充，以加强照应理论和照应分析方法对中学语文教学的适应性。

1.名词性成分的照应分析

类名词的语义具有层级性，即类名词的语义在概括范围的大小方面形成从高到低的层级。例如"动物→牛→奶牛"。整体名词的语义具有整体—分解性，即整体名词在语义上可以分解为部分名词。例如"人体→四肢→上肢→手"。集合名词的语义具有集合—离散性，即集合名词在语义上可以由集合体离散为元素名词或成员名词。例如"作家—莫言"。名词所表示的人和事物、处所等又有各种各样的性质，所以名词的语义又是多种性质语义的综合体。名词的这些语义特性和语义关系在动态的话语或语篇中表现出来时，往往就形成广义照应关系。我们先来看一个例子：

（风清扬和令狐冲）一老一少，便在这思过崖上传习独孤九剑的精妙剑法，自"总诀式""破剑式""破刀式"以至"破枪式""破鞭式""破索式""破掌式""破箭式"而学到了第九剑"破气式"。那"破枪式"包括破解长枪、大戟、蛇矛、齐眉棍、狼牙棒、白蜡杆、禅杖、方便铲种种长兵刃之法。"破鞭式"破的是钢鞭、铁锏、点穴撅、拐子、峨眉刺、匕首、板斧、铁牌、八角锤、铁锥等等短兵刃。"破索式"破的是长索、软鞭、三节棍、链子枪、铁链、渔网、流星飞锤等等软兵刃。虽然一剑一式，却变化无穷,学到后来,前后式融会贯通,更是威力大增。

最后这三剑更加难学。"破掌式"破的是拳脚指掌上的功夫,……这一剑破掌式,将长拳短打、擒拿点穴、鹰爪虎爪、铁沙神掌,诸般拳脚功夫尽数包括在内。"破箭式"这个"箭"字,则总罗诸般暗器,练着一剑时,须得先学听风辨器之术,不但要能以一柄长剑击开敌人发射来的种种暗器,还须借力反打,以敌人射来的暗器反射伤敌。

至于第九剑"破气式",风清扬只传以口诀和修习之法,说道:"此式是为对付身具上乘内功的敌手而用,神而明之,存乎一心。独孤前辈当年挟此剑横行天下,欲求一败而不可得,那是他老人家已将这套剑法使得出神入化之故。"(金庸《笑傲江湖》第二卷)

独孤九剑为什么是天下第一剑?独孤九剑是哪九剑?这九剑是何等神妙呢?凡是看《笑傲江湖》的读者大多都会产生这三个问题。如果金庸先生不回答这些问题,不对独孤九剑给以解释说明,而只是一味地说独孤九剑如何如何神妙,那么读者不仅不会相信,反而会以为金庸在瞎编胡扯。金庸先生深知这一点,在说出"独孤九剑的精妙剑法"之后,随即对"独孤九剑"和独孤九剑的"精妙剑法"给出解释说明:独孤九剑是哪九剑,这九剑如何精妙。这样的解释说明,既丰富充实了独孤九剑的内涵,也描述渲染了独孤九剑精妙的特征,对独孤九剑形成一个完整而精彩的述说和描绘。此外,还有一点要说明的:上面例子中的照应不仅有对"独孤九剑"这个名词性成分的解释说明,也有对"精妙"这个形容词的解释说明。你看:一剑"破枪式"可以破解种种长兵刃,一剑"破鞭式"可以破解种种短兵刃。这样的剑法难道还不"精妙"吗?

下面我们来分析一下中学语文教材中的广义照应的实例。

实例分析:

我家的后面有一个很大的园,相传叫作百草园。……其中似乎确凿只有一些野草,但那时却是我的乐园。(《从百草园到三味书屋》)

百草园——这个名字听起来不错,但是"其中似乎确凿只有一些野草",看来不过只是个荒废的园子罢了，怎么会是“我的乐园”呢？因此，“乐园”必须得说明一下。

不必说“碧绿的菜畦，光滑的石井栏，高大的皂荚树，紫红的桑椹”，也不必说“鸣蝉在树叶里长吟，肥胖的黄蜂伏在菜花上，轻捷的叫天子忽然从草间直窜向云霄里”，单说短短的泥墙根便趣味无限：油蛉低唱，蟋蟀弹琴，蜈蚣蜿蜒，斑蝥放屁；木莲子可充饥，首乌根可成仙，覆盆子似珊瑚珠，既酸且甜。

乐园乐园，名不虚传！

实例分析：

我常坐老王的三轮。他蹬，我坐，一路上我们说着闲话。

据老王自己讲：北京解放后，蹬三轮的都组织起来，那时候他“脑袋慢”“没绕过来”，“晚了一步”，就“进不去了”。他感叹自己“人老了，没用了”。老王常有失群落伍的惶恐，因为他是单干户。他靠着活命的只是一辆破旧的三轮车。有个哥哥，死了，有两个侄儿，“没出息”，此外就没什么亲人。(《老王》)

什么是“闲话”？答曰：与正事无关的话。那么“我”和老王都说了哪些“与正事无关的话”呢？不知道。既然连说的是什么都不知道，人们怎么知道你们说的是不是闲话呢？由此来看，“闲话”是需要解释说明的。因此作者接下来就对“闲话”及其内容进行展示。通过作者关于“闲话”的展示，我们不仅知道了什么是闲话，也知道“我”和老王说了哪些闲话，而且还读出了字里行间透出的“我”和老王熟悉亲近的关系。

说到这里，有的同学可能会问：既然是“闲话”，还有必要进行解释说明吗？作者是不是在浪费笔墨呢？但是，如果细细读一读对“闲话”及其内容的展示这一段文字，我们就会发现：这段“闲话”是关于老王穷困悲惨的身世的交代。这是我们认识老王这个人物必须了解的内容。正所谓“闲话”不闲！作者在读者不经意间写出了人物重要的一个方面。这实际上是一种“润物细无声”的高妙笔法。

2.动词性成分的照应分析

动词在语义上同样存在着概括层次、整体—部分等方面的区别和关系，因此，在表达时同样存在着解释说明和被解释说明的关系。例如这样一道练习题：

请对“大家在运动。”这句话进行分解说明。

如果这样回答——大家在运动：张三在运动，李四在运动，王五在运动，赵六在运动。

估计大家对这个答案是不满意的。因为这个答案只是对“大家在运动。”这句话中的“大家”作了分解说明，而对“运动”却没有分解说明，所以答案是不圆满的。可以修改如下——大家在运动：张三在打球，李四在游泳，王五在跑步，赵六在跳绳。

在真实文本中，像“运动——打球、游泳、跑步、跳绳”这样的语义关系表现为照应关系的实例并非少见。让我们来分析一个课文实例。

实例分析：

冬天的百草园比较的无味；雪一下，可就两样了。拍雪人和塑雪罗汉需要人们鉴赏，这是荒园，人迹罕至，所以不相宜，只好来捕鸟。（《从百草园到三味书屋》）

怎么捕鸟呢？不知道。需要说明。所以接下来，作者分候时、设陷、置器、伺机、出手五个步骤对“捕鸟”进行解释说明：

①候时——薄薄的雪，是不行的；总须积雪盖了地面一两天，鸟雀们久已无处觅食的时候才好。

②设陷——扫开一块雪，露出地面，下面撒些秕谷。

③置器——用一支短棒支起一面大的竹筛来，棒上系一条长绳，人远远地牵着。

④伺机——看鸟雀下来啄食，走到竹筛底下的时候，

⑤出手——将绳子一拉，便罩住了。

作者对“捕鸟”的解释说明，既层次清楚，又环环相扣。

把一件事分解为几个步骤（或者环节、阶段），然后按先后顺序逐步叙述说明，这样就可以做到条理清楚，层次分明。

3.形容词性成分的照应分析

形容词在语义上同样存在着概括层次、整体—部分等方面的区别和关系，因

此，在表达时同样存在着解释说明和被解释说明的关系。例如宋玉的《登徒子好色赋》：

天下之佳人莫若楚国，楚国之丽者莫若臣里，臣里之美者莫若臣东家之子。东家之子，增之一分则太长，减之一分则太短；著粉则太白，施朱则太赤；眉如翠羽，肌如白雪，腰如束素，齿如含贝，嫣然一笑，惑阳城，迷下蔡。

宋玉先说东家之子“美”——不是一般的美，而是天下之美——然后分几个方面来解释说明何为天下之美：

天下之美
- 身高之美：修短合度
  ——增之一分则太长，减之一分则太短。
- 容貌之美：天生丽质
  ——著粉则太白，施朱则太赤；眉如翠羽，齿如含贝。
- 肤色之美：冰肌玉肤
  ——肌如白雪。
- 腰身之美：纤细苗条
  ——腰如束素。
- 魅力之美：销魂迷人，倾国倾城
  ——嫣然一笑，惑阳城，迷下蔡。

这真是：此女只应天上有，人间哪得见洛神！

6.2.3 广义照应理论对阅读和写作教学的价值和意义

语文教学的两大板块——阅读和写作，都和语段、语篇有关。广义照应理论对于语段、语篇的阅读教学和写作教学都具有重要的价值。

语段、语篇的组合手段是形成语段、语篇的重要方法。常见的语段、语篇的组合手段有关联、衔接、连贯、照应、话题—述题结构等。照应是形成整体性、层次性的语义结构和语义内容的重要手段之一。从阅读教学的角度来看，广义照应理论指出了照应的多样性，大大扩展了照应的范围，这就进一步丰富、扩充了语文阅读教学的内容。把广义照应理论和方法融入中学语文阅读教学，有利于培养学生语篇理解的联系性、层次性和整体性，提高学生联系阅读、整体阅读的能力，有利于解决学生阅读中割裂照应关系而形成的孤立阅读和片面阅读的问题。

从写作教学的角度来看，广义照应理论融入中学语文教学也有助于提高学生的语段、语篇的写作能力。照应对语段、语篇的主要作用是语义联系和语义整体化。而这方面是学生感到比较困难的。学生写作当中经常出现的问题很多，其中与照应有关的情况有两种：一是语段内容前后脱节断链。一个语段中的语句前后不相关，语段内部缺少语义一致性，甚至东一句西一句地勉强拼凑而成。这样写成的文字，表面上看起来像是语段，其实离语段的写作要求相差很远。二是描写叙述空洞笼统，用词过于概括化，不会展开或展开能力弱。一篇作文写下来，就是那么干巴巴的几句。这些情况当然也有其他方面的原因，但是照应能力不足甚至缺乏照应能力则是不容否认的重要原因。

当然，照应理论不是万能的，不能包打天下。要提高学生语段、语篇的阅读和写作能力，关联、衔接、连贯、话题—述题等方面知识的教学也是很重要的。中学语文的阅读教学和写作教学要加强这方面的工作；更重要的是，需要广大的中学语文教师的共同努力。

6.3 话语的前提分析

逻辑学中所说的前提一般是指推论的条件，例如，人们常说三段式中的大前提、小前提等。在语用学中，前提是保证句子陈述或表达的正确性、合理性的条件。这个条件可以是客观事实的，也可以是语言的；可以出现在话语中，也可以不出现。当话语的前提不出现时，人们可以根据蕴含关系分析出来。举例来说，现代汉语中的语气副词“竟然、果然”使用时是有前提的。比较下面的两个例子：

中国女排竟然拿了冠军。

中国女排果然拿了冠军。

“竟然”的前提是：说话人预测中国女排拿不了冠军（但是比赛结果同预测相反）。

“果然”的前提是：说话人预测中国女排能拿冠军（实际比赛结果同预测一致）。

下面我们拟依据语用学中的前提理论和相应的分析方法，尝试对中学课文文本中的实例进行前提分析，期望有所收获。

实例分析：

她也是一个美丽动人的姑娘，好像由于命运的差错，生在一个小职员的家里。她没有陪嫁的资产，也没有什么法子让一个有钱的体面人认识她，了解她，爱她，娶她；最后只得跟教育部的一个小书记结了婚。（《项链》）

“也”的语义是：表示同样，类同；不同的主体具有相同点。一般来说，“也”用在后续句中。例如：

小梅是个美丽的姑娘，小兰也是个美丽的姑娘。

但是，《项链》却在开头的第一句就使用了“也”。这样的话，“也”的使用必然有其前提基础，否则“也”的使用就是无基础的，错误的。

那么，《项链》开头这一段话中的“也”的前提是什么呢？

根据词义对前提的蕴含关系，我们试着把莫泊桑没有写出的“也”的前提写出来：

在巴黎，有许多美丽动人的姑娘，命运对她们也很眷顾，让她们出生在豪门富家。她们美丽、风韵、娇媚，她们有丰厚的嫁妆，这些足以吸引那些有钱的、体面的年轻人认识她们，了解她们，爱她们，娶她们。

她也是一个美丽动人的姑娘，好像由于命运的差错，生在一个小职员的家里。她没有陪嫁的资产，也没有什么法子让一个有钱的体面人认识她，了解她，爱她，娶她；最后只得跟教育部的一个小书记结了婚。

有了这样一段前提，"也"的语义和使用就有了前提，读下来也自然顺畅一些。同时，通过开头和开头的前提的对比，我们更清楚地了解到："她"是巴黎众多美丽动人的姑娘中可怜、无奈的一个。

问题是，莫泊桑为什么不写这段前提呢？我们觉得，那是因为莫泊桑觉得不需要写！为什么不需要写？

第一，这篇小说要写的是"她"（玛蒂尔德·路瓦栽）和"项链"的故事，而不是要写"巴黎的姑娘"。小说不能偏离主角，不能浪费笔墨。所谓笔力集中，所谓惜墨如金，正乃此之谓也。所以，不能写巴黎的姑娘。

可是，如果不写的话，那么怎么让人们读出来关于巴黎的姑娘的信息呢？有办法——"也"是能够蕴含前提信息的啊！

第二，没写出来的东西也能让人读出来。没写出来不等于读不出来，我们上面写出来的前提部分就是我们通过对包含"也"的文本部分的解读读出来的内容。当然，不是所有的读者都能读出来，例如对于中学生们来说，解读文本的前提应该说是比较困难的。这就是我们为什么要研究、分析文本的前提解读，并在相应的教学中实施的原因。

一个"也"字使我们读出了一段内容。应该说，莫泊桑的目的达到了。莫泊桑对"也"的运用不仅做到了惜墨如金、以少胜多，而且还做到了话中有话，含义丰富。

实例分析：

"孔乙己，你脸上又添新伤疤了！"他不回答，对柜里说，"温两碗酒，要一碟茴香豆。"便排出九文大钱。他们又故意的高声嚷道，"你一定又偷了人家的东西了！"（《孔乙己》）

上例中，"孔乙己，你脸上又添新伤疤了！"这个句子的前提是：你脸上已经有伤疤了。"你一定又偷了人家的东西了！"这个句子的前提是：你已经偷过人家的东西了。"孔乙己，你脸上又添新伤疤了！"和"你一定又偷了人家的东西了！"这两个句子中的两个"又"使我们怒其不争，同时也一阵阵地揪心："又"是恶习难改，"又"是毒打难免，要是孔乙己再偷，他肯定还会被再次毒打，他的命运可想而知——果然，孔乙己“又”偷了丁举人家，“又”被打折了腿，终于在穷苦潦倒中死去——这是两个“又”所产生的必然结果。正如鲁迅先生所说：“《孔乙己》是在描写一般社会对于苦人的凉薄。”

实例分析：

我对他很恭敬，因为我早听到，他是本城中极方正，质朴，博学的人。

……东方朔也很渊博，他认识一种虫，名曰“怪哉”，冤气所化，用酒一浇，就消释了。我很想详细地知道这故事，但阿长是不知道的，因为她毕竟不渊博。(《从百草园到三味书屋》)

“毕竟”通俗的解释是“说到底……”。比较正规的解释是：“毕竟”后面的话表示追根究底所得的结论。充分肯定重要的或正确的事实，暗含否定别人的不重要的或错误的结论。这个“暗含”的意思就是使用“毕竟”的条件，也就是我们所说的前提。

什么是“毕竟”不渊博？我们使用“毕竟”的时候，就是要下一个“说到底”的最终评语，所以，当我们使用“毕竟”这个词的时候，我们一般都会尽可能地想到影响这个最终评语准确与否的因素。“我”对“渊博”的评价是有标准的：在“我”看来，“我”的先生是很渊博的，“因为我早听到，他是本城中极方正，质朴，博学的人”；东方朔也是很渊博的，他是传说中的大才子和智者。但是要评价阿长是否渊博就不好说了。尽管阿长会讲很多故事，懂得很多，她的知识要比我多得多，不过她没读过书，不知道子曰诗云，所以(说到底)“她毕竟不渊博”。

阿长曾经给“我”说了很多逢年过节以及日常生活中的规矩，还讲了很多的故事，在儿时的“我”的心目中，阿长是很渊博的了。但是，后来“我”长大了，上学了，“我”想了解天下一切稀奇古怪的事物，“但阿长是不知道的”；“我”要成为一个渊博的人，但阿长“毕竟不渊博”——“我”对阿长“毕竟不渊博”的评价，正是“我”强烈的好奇心和强烈的求知欲的表现。这正是少年儿童最宝贵之处！当我们看到“我”能够说出阿长“毕竟不渊博”的评价，我们不禁欣慰地笑了：迅哥儿长大了！而如果我们哪一天听到自己的学生评价说：“老师毕竟不渊博。”我们也应该非常欣慰的，因为，如果自己的学生真的能够说出这样的话，那就说明他们确确实实已经长大了！

实例分析：

这是人首蛇身的怪物，能唤人名，倘一答应，夜间便要来吃这人的肉的。他自然吓得要死。(《从百草园到三味书屋》)

叫我名字的陌生声音自然是常有的，然而都不是美女蛇。(《从百草园到三味书屋》)

上面两个用例都用了“自然”这个词。“自然”这个词的使用是有条件的，使用的条件叫做“自然”的使用前提。有了前提，“自然”的使用就是合适的；如果没有前提，“自然”的使用往往是不合适的。另外，“当然”的用法和“自然”很相似。例如：

他虽然照样办，却总是睡不着，——当然睡不着的。(《从百草园到三味书屋》)

作者为什么说“当然睡不着的”？“当然”的前提是什么？

《现代汉语词典》对“自然”的解释是：“表示理所当然。”对“当然”的解释是：“合于事理或情理，没有疑问。”二者意思上虽然略有差异，但就话语前提来看，“自然”“当然”后面的话语都表示一定条件下产生的结果，而且这个结果必然会产生。那么，导致结果产生的条件就是“自然”“当然”的前提。

我们先来分析“自然”的前提。这要回溯前文：

先前，有一个读书人住在古庙里用功，晚间，在院子里纳凉的时候，突然听到有人在叫他。答应着，四面看时，却见一个美女的脸露在墙头上，向他一笑，隐去了。他很高兴；但竟给那走来夜谈的老和尚识破了机关。说他脸上有些妖气，一定遇见“美女蛇”了；这是人首蛇身的怪物，能唤人名，倘一答应，夜间便要来吃这人的肉的。他自然吓得要死。(《从百草园到三味书屋》)

老和尚说那个读书人“脸上有些妖气，一定遇见‘美女蛇’了”。那个读书人不知道自己脸上有没有妖气,但是自己夜遇美女(不知是不是“美女蛇”)却是事实,然而那老和尚当时并不在场,他如何知道自己夜遇美女?可见这老和尚确有道行,不可不信!此其一。老和尚说美女蛇能唤人名,应者夜间即会被其吃掉。而那个读书人此前确实听得有人叫他,而且他还答应了!难道夜里真的来吃我?性命交关的事,宁可信其有,不可信其无!此其二。第三个因素就比较简单了:谁不怕死?倘若寿终正寝,升至天堂,也是善终。然而若葬身美女蛇之口,不仅必死,而且不知怎么个死法!这比死的可怕又加上三分!如此必死之命,再加上死法之难料,那个书生“吓得要死”还不是“自然”而然的吗?

第二个“自然”的前提比较容易理解:名字就是给人叫的,“我”的名字也不例外;虽然“我”不认识别人、别人却可能认识“我”,并且能喊出“我”的名字,这喊的声音自然是陌生的。这样的事又是“常有的”,所以“我”觉得也是很“自然”的。

这样,“当然”的前提也就可以理解了,美女蛇要来吃读书人的肉了,那个读书人也按照老和尚说的做了,但是这行吗?万一老和尚的盒子不管用呢?万一这个美女蛇太厉害呢?那不是在此活活等死?岂不是白白送了性命?!那个读书人此时要是还能睡着,那真是没心没肺的白痴一个了!

以上三例中“自然”“当然”的运用,既表达了故事发展的情节,也表达了故事中人物的情态、心理;既表达了现状,又联系了形成现状的“原因”(前提),把情节和人物紧紧地联系在一起,把先后的情节联系在一起,是故事成为一个紧密联系的整体。

实例分析:

陶影把小也拉得离老人更近些:“只请两位爷爷把那天的事情同孩子讲清楚,告诉他,妈妈没有错……”(《一厘米》)

上例中,“告诉他,妈妈没有错……”这句话是有前提的。陶影之所以这么说,是因为那天确确实实有人说她错了,并且还要她认错。如果要清楚地了解陶影的话的前提,我们还得回溯到前面的课文:

红衣青年突然像早晨醒来时伸了一个懒腰,他的眼光很犀利,抓到过许多企图逃票的人。“买票去！买票去！”他骄横地说，所有的温文尔雅都被红蚯蚓吮去。

“可是，他不够一米一！”陶影感到了自己的孤立无援，顽强地坚持。

“所有逃票的人都这么说。信你的还是信我的？这可是全世界统一的度量衡标准，国际米尺存在法国巴黎，是铂铱合金制成的，你知道吗，你？”

……

“妈妈，你怎么了？”小也逃开红蚯蚓，用温热的小手拉住妈妈冰冷的手。

“没什么，妈妈忘了给你买票。”陶影无力地说。

“忘了？说得好听！你怎么不把自己的孩子给忘了？”红衣青年还记着这女人刚才的镇静，不依不饶。

“你还要怎么样？”陶影尽量压抑怒火，在孩子面前，她要保持一个母亲最后的尊严。

“嘴还这么硬！不是我要怎么样，是你必须认错！不知道从哪混了张专供外宾的赠票，本来就没花钱，还想再蒙一人进去，想得也太便宜了是不是？甭啰嗦，趁早买票去！”红衣青年倚着墙壁，面对众人，像在宣读一份白皮书。

陶影的手抖得像在弹拨一张无形的古筝。怎么办？吵一架吗？她不怕吵架，可她不愿意孩子看见这一幕。为了小也，她忍。

“妈妈去买票。你在这里等我，千万别乱跑。”陶影竭力做出笑容。好不容易领孩子出来一天，她不能毁了情绪，要让天空重新灿烂。

“妈妈，你真的没买票？”小也仰着脸充满惊讶与迷茫。这神情出现在一张纯正的儿童脸上，令人感到一丝恐惧。

陶影的手像折断的翅膀僵在半空。今天这张票，她不能买！如果买了，她将永远说不清。

说清楚的时候终于来到了！当我们了解了事情的前提的时候，当两位干部爷爷来到陶影家中的时候，两位干部爷爷难道不应该把事情说清楚吗？难道不应该说明陶影没有错吗？

陶影对两位干部爷爷的话表达的是请求，蕴含的是她心中的话：请你们还我清白，请你们还我尊严！那话语后的省略号，好像滴滴泪珠——陶影一定是含着泪珠、用颤抖的声音说出这句话的！

陶影的话像一座山，压得那两位干部爷爷透不过气来，因为陶影的话里蕴含着如山铁证的前提！他们无法告诉小也“妈妈没有错”——既然妈妈没有错，那红衣青年怎么能说妈妈“逃票”？他凭什么叫妈妈“必须认错？”凭什么叫妈妈再买一张票？那条红蚯蚓真的是“全世界统一的度量衡标准”吗？……

结局是不言自明的，两位干部爷爷也是说不清楚的。课文的结尾只能是省略号……

6.4 言语行为理论和言语行为分析

言语行为理论认为说话同走路、吃饭、学习、战斗等一样，也是一种行为，也可以通过说话做事，达到一定的目的。当然，说话这种行为有自己的特点，所以称之为言语行为。

言语行为一般分为三类：

（1）以言表意。指说话人通过说话表达自己的观点、态度、情感等。例如：中国政府严正声明：南海诸岛是中国领土不可分割的一部分。

（2）以言行事。指说话人通过说话实施某种行为，或者说做某件事，如宣判、抗议、驳斥等。例如：中国外交部发言人正告日本政府：日本在南海问题上没有资格说三道四。

（3）以言取效。指说话人试图通过说话取得某种效果，达到某种目的，如命令、指挥、劝阻、请求等。例如：请你把门关上！

中学课文文本中的话语同样可以进行言语行为分析。请看课文《一厘米》的结尾部分的分析。

实例分析：

他们掏出了五元钱。钱是装在一个信封里，他们早做了准备。……

“毕竟那天您没有参观，这是我们的一点赔偿。”年长的干部说，态度很慈祥，看来是位领导。（按：这是以言行事。表示道歉。）

陶影没有接。那一天失去的快乐，是多少钱也买不回来了。

“如果你不要钱，这里有两张参观券。欢迎您和孩子到我们那去。”年轻些的干部更加彬彬有礼。(按:这仍然是以言行事。表示欢迎的态度并发出邀请。)

这不失为一个充满诱惑力的建议。但陶影还是毫不迟疑地摇了摇头。那个地方,对于她,对于小也,都永远不会激起快乐的回忆。

"您到底要哪样呢?"两位干部一起问。

是的,陶影在这一瞬,也在问自己。她是个生性平和的女人,别说是两位素不相识的老年人登门道歉,就是红衣青年本人来,她也不会刁难他的。

她究竟想要什么呢?

她把小也推到两位老人面前。

"叫爷爷。"她吩咐。

"爷爷。"小也叫得很甜。

"两位领导。钱请你们收起,票也收起。就是那天当班的查票员,也请不要难为他,他也是负责……"

两位干部一看陶影说得这样平静,反倒有些无措。

陶影把小也拉得离老人更近些:"只请两位爷爷把那天的事情同孩子讲清楚,告诉他,妈妈没有错……"(《一厘米》)

当两位干部一起问陶影:"您到底要哪样呢?"按照会话合作原则,陶影应该给出自己的回答并做出明确的选择。但是,"那一天失去的快乐,是多少钱也买不回来了",她要钱何用?而"那个地方,对于她,对于小也,都永远不会激起快乐的回忆",因此,她更不会要那两张参观券!那么,陶影应该如何回应呢?请看陶影的言语行为:

她把小也推到两位老人面前。

"叫爷爷。"她吩咐。

"爷爷。"小也叫得很甜。

陶影吩咐小也"叫爷爷",而小也也叫了,并且叫得很甜。陶影和小也的言语行为属于"以言取效",母子二人的言语行为要取得什么效果呢?

小也的言语行为(叫"爷爷")要取得的效果相对简单:显示自己听话,显示自已的礼貌，让妈妈满意，让客人高兴。

陶影的言语行为要取得的效果则比较复杂，分析起来，应该有如下三步预期的效果：

(1)在两位干部面前显示母亲对儿子的权势地位，显示自己的尊严。

(2)显示自己作为母亲对儿子良好的家教，显示自己作为良母的形象，显示母子的良好的素质；同时也显示：我的儿子是个乖孩子，好孩子。

(3)古语曰：礼下于人，必有所求。陶影让儿子叫爷爷，这是一种尊重，同时也是一种暗示和施压：你们是长辈，长辈要有长辈的样儿，说话可得凭良心啊！

此时的陶影已经稳操胜券，她满可以尽情地发泄一番，就像我们在生活中常见的那种得理不饶人的女人那样。比如，她可以这样说：

"我一不要你们的钱，二不要你们的券！那个当班的查票员，更不是个东西！要狠狠地教训他一番！"

我们来分析一下这样发出的言语行为的性质：

我一不要你们的钱，二不要你们的券！——这是以言表意的言语行为，表达的是拒绝，拒绝对方的诚恳的补偿和彬彬有礼的邀请，而且是生硬的拒绝。

那个当班的查票员，更不是个东西！——这是以言表意的言语行为，是用詈骂表达自己的愤怒。

要狠狠地教训他一番！——这是以言取效的使令性言语行为，以收到报复之效。

但是，陶影没有发泄，相反，她说得很平静：

"两位领导。钱请你们收起，票也收起。就是那天当班的查票员，也请不要难为他，他也是负责……"

我们也来分析一下陶影实际发出的言语行为的性质：

钱请你们收起，票也收起。——这是请求性言语行为，表达的是一种委婉的拒绝。

就是那天当班的查票员，也请不要难为他——这是请求性言语行为，目的是求情，而且是代为求情，表达的是宽容。

他也是负责——这是以言表意言语行为，表达的是解释原因，目的是为查票员开脱。

我们来对比一下。

推想的表达:以言表意(生硬地拒绝)——→以言表意(粗俗地詈骂)——→以言取效(刻意的报复)。

这些言语行为表现的是:狭隘,粗俗,低素质。

实际的表达:以言行事(委婉地拒绝)——→以言行事(宽容地代求情)——→以言表意(宽恕与谅解)。

这些言语行为表现的是:宽容,大度,高素质。

这里还有一个问题,陶影为什么说得这样平静呢?这个问题很大程度上属于心理层面,这里简单地分析一下。

陶影之所以说得这样平静,大概有以下几个方面的原因:一是她生性平和,喜怒不形于辞色。二是当时曲直已明,陶影胜券在握;心中淡定。三是陶影要显示高姿态,高素质。四是陶影下面还有更重要的请求。

陶影平静的话语收到了让两位干部爷爷"不知所措"的效果,为下一步更有力的言语行为形成了不容抗拒的情势。此前,陶影使用的话语都是"以言表意"或"以言行事",现在是时候了,她要使用"以言取效"的话语了:

陶影把小也拉得离老人更近些:"只请两位爷爷把那天的事情同孩子讲清楚,告诉他,妈妈没有错……"

只请两位爷爷把那天的事情同孩子讲清楚——这是以言取效!表达的是自己的请求,显示的是事实一定要大白于天下的决心,沉冤终会昭雪的信心,公道自在人间的坚定信念!

告诉他,妈妈没有错……——这仍然是以言取效!表达的仍然是请求,蕴含的是她心中的话:请你们还我清白,请你们还我尊严!那话语后的省略号,好像滴滴泪珠——陶影一定是含着泪珠、用颤抖的声音说出这句话的!

课文到这里就结束了。可是陶影的话像一座山,压得那两位干部爷爷透不过气来。

那天的事情能说清楚吗?——要说清楚那天的事情,就得先从"那条缺斤少两的红蚯蚓"说起,可是作为寺庙公园管理处的干部怎么能容忍那条红蚯蚓的存在？并且还作为收费的标准？他们也无法告诉小也“妈妈没有错”——既然妈妈没有错，那红衣青年怎么能说妈妈“逃票”？他凭什么叫妈妈认错？

我们完全理解作者用省略号结束课文：这是一个无言的结局。

6.5 言外之意分析

言语行为有的是直接的，即说话人直陈其事；言语行为也有间接的，即说话人不直接采用以言行事或以言取效的行为，而是采用以言表意的行为。这种情况下，说话人的话语就有了言外之意。例如：

甲：最近我手头有点儿紧，办事不太方便。

乙：我就十块钱。

丙：我就一百块。

丁：我就一千块。

戊：我就一万块。

上例中甲的话语是以言表意，陈述自己的窘境，言外之意是向哥儿们借款。而乙、丙、丁、戊的话语也都是以言表意，表明自己不宽绰，言外之意是拒绝向甲借款。

实例分析：

一到夏天，睡觉时她又伸开两脚两手，在床中间摆成一个“大”字，挤得我没有余地翻身，久睡在一角的席子上，又已经烤得那么热。推她呢，不动；叫她呢，也不闻。

“长妈妈生得那么胖，一定很怕热罢？晚上的睡相，怕不见得很好吧？……”

母亲听到我多回诉苦之后，曾经这样问过她。我也知道这意思是要她多给我一些空席。她不开口。但到夜里，我热得醒来的时候，却仍然看见满床摆着一个“大”字，一条胳膊还搁在我的颈子上。（《阿长与〈山海经〉》）

“长妈妈生得那么胖，一定很怕热吧？晚上的睡相，怕不见得很好吧？……”这是迅哥儿的母亲听过儿子的诉苦之后问长妈妈的话，问话的目的当然不是关心长妈妈人胖怕热，也不是叫长妈妈注意自己的睡相，而是让长妈妈睡觉时多给迅哥儿一些地方，这就是母亲的话语的言外之意。不过这个意思如果直接说给长妈妈听，会让长妈妈很难堪的。比如：“长妈妈，你生得那么胖，整个床都让你睡完了！再加上你那四脚叉拉的睡相，迅哥儿还怎么睡呢?!”相比之下，课文里母亲的问话就委婉多了。这是传递言外之意达到交际目的的好处之一：减少话语的刺激性。

实例分析：

不知从那里听来的，东方朔也很渊博，他认识一种虫，名曰“怪哉”，冤气所化，用酒一浇，就消释了。我很想详细地知道这故事，但阿长是不知道的，因为她毕竟不渊博。现在得到机会了，可以问先生。

“先生，‘怪哉’这虫，是怎么一回事？…”我上了生书，将要退下来的时候，赶忙问。

“不知道!”他似乎很不高兴，脸上还有怒色了。

我才知道做学生是不应该问这些事的，只要读书，因为他是渊博的宿儒，决不至于不知道，所谓不知道者，乃是不愿意说。年纪比我大的人，往往如此，我遇见过好几回了。(《从百草园到三味书屋》)

“我”问先生“怪哉”是怎么一回事，先生却回答说“不知道”。但是“我”却不相信，因为“他是渊博的宿儒，决不至于不知道”。“我”再一想，才明白先生的回答“不知道”是有言外之意的：“所谓不知道者，乃是不愿意说”。如果把先生的言外之意变成直来直去的大白话，大概是这样子的——“放肆！子不言怪力乱神！少给我扯这些胡说八道的东西！下次再问，小心你的手心!”

实例分析：

爸爸走了进来，听妈妈讲完事情的经过，他静静地点燃一支烟，慢慢地对我说：“小朋友之间不是不可以送东西，但是，要看什么样的东西。这样贵重的东西不像一块点心一盒糖，怎么能自作主张呢？”爸爸的声音一直很平静，不过带着一种不可抗拒的力量。

“你已经给我了。”

“是的，这是爸爸给你的，可并没有允许你拿去送人啊！”

我没有理由了。(《羚羊木雕》)

上例中，“我”的话语“你已经给我了。”这句话是以言表意，只是陈述了一个事实，意在提醒爸爸。但是这句话还有言外之意：你已经给我了——因此，羚羊木雕就属于我了；而我作为羚羊木雕的主人，是有权支配它的！我是可以把它送人的！

上例中爸爸的话其实是无理的：

是的，这是爸爸给你的，可并没有允许你拿去送人啊！

既然把东西送给了别人，却不把所有权转让，不允许被送给的人自由支配给予物。有这样的给予吗？

实例分析：

“票。”红衣青年拦住她，语句简单得像吐出一枚枣核。

陶影充满感情地指了指小也。她想所有的人都会喜欢她的儿子。

“我问的是你的票。”红衣青年僵硬地说。

“不是刚才那孩子已经给你了吗？”陶影安静地解释。这小伙子太年轻，还没来得及做爸爸。今天出来玩，陶影心境很好，她愿意有始有终。

“他是他的。你是你的。”红衣青年冷淡地说。

陶影费了一番思索，才明白红衣青年的意思：她们娘儿俩应该有两张票。(《一厘米》)

上例中，红衣青年的话语“他是他的。你是你的。”也是有言外之意的：他是他，你是你。他有票，你没票。——所以你还得再买一张票！陶影之所以要“费了一番思索”，就是为了推导出红衣青年话语的言外之意。

实例分析：

于是见公输盘，子墨子解带为城，以牒为械。公输盘设攻城之机变，子墨子九距之。公输盘之攻械尽，子墨子之守圉有余。

公输盘诎，而曰："吾知所以距子矣，吾不言。"

子墨子亦曰："吾知子之所以距我，吾不言。"

楚王问其故。

子墨子曰："公输子之意不过欲杀臣。杀臣，宋莫能守，乃可攻也。然臣之弟子禽滑厘等三百人，已持臣守圉之器，在宋城上而待楚寇矣。虽杀臣，不能绝也。"（《公输》）

墨子和公输盘当着楚王的面儿斗法，大战九个回合，公输盘技穷，可是他却对墨子说："我知道用什么方法抗拒你，但是我不说。"墨子听了，也说道："我也知道你用来抗拒我的方法，我也不说。"

楚王有点儿晕：这公输盘的话是什么意思呢？是不服气？还是留有撒手锏？又或是故作莫测高深呢？想来想去想不明白，还是问问墨子吧——他们两个是对手，墨子应该能听懂公输盘的话。果然，墨子早就听出了公输盘话里的意思：

"公输盘说他知道怎么抵抗我，言外之意是：我要杀掉你。杀了我，宋国无人能守，就可以攻破它了。

"我说我也知道他怎么抵抗我，但是我不说。我的言外之意是：我还有后手——我的弟子禽滑厘等三百人，已经拿着我的守御器械，在宋国的城墙上等待楚军侵犯呢。即便杀了我，宋国的守御者也是杀不绝的！"

6.6 小结

以上我们依据语用学的理论和方法，对中学语文课文文本中的一些用例进行了语用分析。我们的工作是尝试性的。通过这些尝试性的工作，我们有了一些新的发现。例如，词语的意义可以表现在句子之中，也可以表现在句子之外；词语之间的语义联系可以在句子之中，也可以在语段之中，甚至表现在篇章里；通过语用分析还可以体会人物心理和情感等。同时我们也有了一些新的认识:中学语文教材的文本也可以进行语用分析,这又增加了一个分析的角度。上面的工作已经证明:这个新的分析角度一定会让我们有新的收获。

第七章

中学语文教学中的语义分析

7.1 词义简论

7.1.1 词义是什么

词义是什么？这个问题是语义学的基础问题，也是一个很重要的问题。我们尽量避免哲学式的讨论，并且给大家一个明确的说法。

传统的说法是："词义是词的意义。"这话跟没说差不多。还有一种说法是：词义是客观事物的性质的反映。这个说法也不太清楚。客观事物的性质怎么就成了词义的呢？

要说明什么是词义，得把语言和思维联系起来。因为语言是思维的工具，也是思维的表现形式，换句话说，思维必须通过语言才能表现出来。

认知语言学的研究告诉我们：语义是人类认知最重要的结果之一。那么语义是怎么形成的呢？

人类最基本的认知能力就是分类能力，也叫"范畴化"能力，即能够对事物进行分类。如果没有这个能力，那么我们一生连一样东西也认知不完(例如"草"或者"树")。人类之所以能够对事物进行分类，是因为人们通过观察分析，能够发现事物之间共同之处和不同之处，然后把具有共同之处的事物归为一类，这就形成了一个概念，或者说一个范畴。

概念有两个要素：外延和内涵。概念的外延是概念概括的范围。例如"人"的外延就是世界上所有的人。内涵则是对事物本质属性的概括。所谓本质属性，也就是一事物区别于其他事物的特点。例如"人"这个概念的内涵就是"能制造工具并使用工具进行劳动的高等动物"，因为"能制造工具并使用工具进行劳动"这些特点能够把"人"和其他动物区别开来。当我们把概念的内涵用语言表达出来时，就形成了词语的意义。例如：

【人】能制造工具并使用工具进行劳动的高等动物。(引自《现代汉语词典》)

现在我们可以初步回答"词义是什么"这个问题了，词义是概念的内涵(亦即人和事物的本质属性)的语言表达形式,是人和客观事物的本质属性和人的主观认识的共同产物。

概念的内涵(即人和事物的本质属性)形成的词义一般被称为词语的理性意义(或概念意义、逻辑意义等)。理性意义是词义的核心部分,一般称为核心的理性意义。

人和事物除了本质属性之外,还有许多非本质属性。例如"人"种族、肤色、性别、年龄、身高等。这些非本质属性通过语言表达和转化,成为词义中的外围部分,一般称为非核心理性意义。

在词义形成的过程中,不仅有事物的概念意义的形成,而且事物的某些外在的特点也会形成一定的色彩意义,附着在概念意义上,成为词义的一部分。比如,人们主观上对事物的感情态度会逐步渗透到词义中去,形成词义中的感情色彩意义。褒义词、贬义词的区别即由此而来。词语因适用于不同的语体而具有不同的语体色彩,这些语体色彩也会经过长期的语言运用而渗透到词义中。文言词、口语词的区别即由此而来。词语使用的地域、社会也会在词义中留下一定的痕迹,这就是方言词、外来词的由来。上述这些因素共同形成了词义中的色彩意义。色彩意义附加在理性意义上,所以一般也叫作附加意义。

现在我们可以回答"词义是什么"这个问题了:词义是由理性意义和附加意义构成。理性意义包括核心理性意义和非核心理性意义,分别由人和事物的本质属性和非本质属性转化形成。附加意义是词义外围的附加部分,是由人和事物某些外在的特点转化形成。

词义的形成涉及多方面的因素,因而词义也具有多方面的特点。

词义具有客观性,这是因为词义是人的思维反映客观世界,并运用语言表达的结果。

词义还具有主观性,这是因为人的思维在反映客观世界的同时,还加入了主观上的感觉和评价。例如褒贬意义、道义意义、模态意义、非现实意义等都是词义主观性的体现。

此外,词义还具有模糊性、民族性、系统性。这里就不多说了。

7.1.2 词义的主观性

长期以来，人们都认为词义是客观的。但是这种认识是不正确的。最明显的事实就是词义中的感情色彩，人们据此把词语分成褒义词、贬义词、中性词。不过人们认为这只是部分现象，词义基本上还是客观的。直到关于“颜色词”跨语言的研究成果的出现，人们才真正认识到词义的主观性，或者说认识到词义是客观和主观的统一。

英国语言学家柏林和凯曾经对世界上有代表性的语言中的基本颜色词进行了比较研究。研究的结果发现，各种语言中的颜色词并不完全一样。有的只有两种颜色，例如爱斯基摩人语言中只有“黑、白”两色；有的则多达十多种，例如非洲豪萨语中有“黑、白、红、黄、蓝、绿、棕、紫、粉红、橙、灰”十一种。汉语一般认为是七色：赤、橙、黄、绿、青、蓝、紫。加上“黑、白”，就是九色。

通过对颜色词的研究的分析，人们才认识到，词义不光取决于客观事物，而且也和人们的主观认知有密切的关系。否则，为什么在物理世界中相同的颜色系统，而在语言世界中会有那么大的差异呢？实际上，语义是人们认知的结果，因此，语义中必然包含着主观的成分。尤其在词语运用中，词语意义的主观性更加明显。在名词、动词、形容词三大词类中，词义的主观性都有较为明显的表现。

首先是形容词。形容词本身是一个庞大的评价系统。什么是“好”？什么是“坏”？什么是“伟大”？什么是“卑贱”？鞋子“大”了一点儿，菜“咸”了一点儿，等等，这些基本上都是主观的感受和判断。词义的主观感情色彩主要体现在形容词词类之中。所以，形容词的主观性是非常明显的，也是很普遍的。

再来说说动词的主观性。过去认为，动词的主观感情色彩较少。但根据现在语义学方面的研究，动词的主观性并不弱；特别是动词的选择使用，比较明显地显现出动词的主观性。例如：

看一眼、刺一眼、剜一眼、乜一眼、白一眼

“看一眼”的感觉是目光平平，“刺一眼”是目光如剑，“剜一眼”是目光似刀，“乜一眼”是瞧不起，“白一眼”是心中有气。这些例子中的动词表面上看起来是不

同的视觉动作,但实际上都包含着不同的主观感觉。再比如:

拿出九文大钱、掏出九文大钱、排出九文大钱、摸出九文大钱、抠出九文大钱

“拿出”是自自然然,“掏出”是小心翼翼,“排出”是摆阔气,“摸出”是阮囊羞涩,“抠出”是猥琐小气。由此可见,人物是可以由外表行为而知内心情绪的。

孔乙己曾争辩道:“窃书不能算偷……窃书! 读书人的事,能算偷么?”一“偷”一“窃”,表面上死乞白赖,内心里愧急交加。其主观性昭然若揭。

至于名词,其主观性也是显而易见的。不同的称呼,不同的命名,都包含着主观的因素。请看课文《孔乙己》中的例子:

有的叫道:“孔乙己,你脸上又添上新伤疤了!”

旁人便又问道,“孔乙己,你当真认识字么?”

在中国,直呼其名被认为是没有礼貌的行为。因此,一声直呼其名的“孔乙己”实际上包含着很大的轻蔑。如果改变人类的属性(比如当成货物或其他类的东西)而称呼时,其主观上的轻蔑、愤怒、憎恨是显而易见的。例如:蠢货、饭桶、狗熊、畜生。而千里马、老黄牛、牡丹、莲花、青松、翠柏等词的赞誉之情则溢于言表。

下面是语义主观性的两个实例分析。

实例分析:孔乙己到底死了没有?

我到现在终于没有见——大约孔乙己的确死了。(《孔乙己》)

人教版的教材后有一道“研讨与练习”题:既然是“大约”,为什么又说“的确”,这是否矛盾? 作者为什么这样写?

传统语法对这个句子的分析是:“大约”是估测副词做句首状语,表示估测;“孔乙己的确死了”是主谓结构,“孔乙己”做主语,副词“的确”做状语修饰述语“死了”,表示确认。既然句首状语“大约”表示估测,述语的状语“的确”却又表示确认,这就形成了矛盾现象,也成了中学语文教学中的一个难题:孔乙己到底死了

没有？

之所以会有矛盾的感觉，之所以难以得出结论，那是因为传统语法分析只分析句子结构，而不分析表达。下面我们依据表达语法思想来分析这个句子。

“大约孔乙己的确死了”这个句子是全文的结束语。这个句子的问题是它的肯定值不好确定。“孔乙己的确死了”的肯定值没有问题，但是“大约孔乙己的确死了”就不好说了。孔乙己到底死了没有呢？为什么作者要给我们留下这么一个难解的谜呢？我们觉得，作者留给我们这个谜一定是有意义的，特别是作为全篇的结束语，意义就更非同寻常——不是一个简单的死没死的问题。因此，要了解作者这样写的原因和目的，我们就要解开这个谜——孔乙己到底死了没有呢？

要对“大约孔乙己的确死了”这个句子进行分析，我们首先简要介绍一些自然语言逻辑方面的知识。

传统语言学一般把陈述句分为肯定陈述句和否定陈述句。这种分类对于截然分明的陈述是合适的。例如：

韶关地区明天有雨。

韶关地区明天没有雨。

但是对于模糊性的陈述就不太合适了。例如：

韶关明天可能没有雨。

这个句子不好说是个肯定句，但是也不好说是个否定句。“韶关明天可能没有雨。”这个句子并不是对韶关市天气情况的客观陈述，而是一种主观上的估测。后来，为了准确地刻画句子的句值（包括句子的性质、主观陈述还是客观陈述、句子肯定的程度等），语言逻辑学家就把表达主观陈述的句子叫做模态陈述句（也可以就叫做主观陈述句），而把传统的肯定陈述句叫做直陈陈述句（也可以叫做客观陈述句）。二者的区别如下：

（1）直陈陈述是二值的（1，0），模态陈述则一般是多值的（0—1）。例如：

今天夜里到明天白天，韶关地区有雨。（直陈陈述句，句值为1）

今天夜里到明天白天，韶关地区无雨。（直陈陈述句，句值为0）

今天夜里到明天白天，韶关地区肯定有雨。（模态陈述句，句值为1）

今天夜里到明天白天，韶关地区八成有雨。（模态陈述句，句值为0.8）

今天夜里到明天白天，韶关地区大概有雨。（模态陈述句，句值为0.6—0.7）

今天夜里到明天白天，韶关地区可能有雨。（模态陈述句，句值为0.5）

(2)直陈陈述一般是客观的，而模态陈述一般都是主观的。汉语中的能愿动词，还有很多副词都可以表达主观陈述。

区分了主观陈述和客观陈述之后，现在我们清楚了："大约孔乙己的确死了"是一个主观陈述句，表达的是说话人主观的态度或看法，而不是对某一事实的客观陈述。明白了这一点，接下来我们下面就来分析"大约孔乙己的确死了"这个句子的肯定值。

首先我们要对"大约孔乙己的确死了"这个句子进行分解，因为这个句子是由"大约……"估测句和"的确……"确认句复合而成，表达的语义也是复合语义。我们来看下面的逻辑语义分析：

孔乙己死了。

这是一个直陈陈述句，是对客观事实的陈述。句子的定值为1。

孔乙己的确死了。

这是一个模态陈述句，是对主观态度的陈述。句子的定值也为1。

大约孔乙己死了。

这是一个模态陈述句。这个陈述句表达了说话人的一种倾向，即倾向于确定，确定的句值应该为0.6—0.7。这个句子表达的是主观的估测，不是客观事实的真实情况。

大约孔乙己的确死了。

这仍然是一个模态陈述句。这个陈述句确定的值倾向于确定，确定的句值应该也是0.8—0.9。这个句子表达的也是主观的估测，不是客观事实。

根据我们对“大约孔乙己的确死了。”这个句子的逻辑语义分析，答案是：孔乙己死没死尚未确定；而“我”在主观上认为：孔乙己活着的可能性微乎其微，但是还抱有一丝希望。

为什么“我”会有这样的想法或看法呢？

我们再从作者对孔乙己的感情和态度的角度来分析一下。

作者对孔乙己的基本态度是：哀其不幸，怒其不争。这是总体上的态度和感情。

不错，孔乙己贫贱、虚荣、好吃懒做、偷窃、自甘堕落，这些也都是“我”认可的。例如，“讨饭一样的人，也配考我么?”所以，作者“怒其不争”。

但是，孔乙己也不是一无是处，例如，他“品行却比别人都好，就是从不拖欠”；“写得一笔好字”；当孩子们围住了他，“他便给他们茴香豆吃，一人一颗”；等等。这些体现了孔乙己的诚信、善良等方面的品质。也正因为如此，所以作者才“哀其不幸”，产生了同情、怜悯的感情。并且，毕竟孔乙己给“我”的生活添加了些许欢乐：“只有孔乙己到店，才可以笑几声”；他的话“引得众人都哄笑起来，店内外充满了快活的空气”。

所以，当孔乙己在“我”面前最后一次出场，并且提出(也许是最后一次)要求时：“这一回是现钱，酒要好。”而“我”则“温了酒，端出去，放在门槛上”，让孔乙己可以坐在地上喝下(也许是)最后一碗酒；让孔乙己离开这个冷酷无情的世界之前，体会到一丝人间的温暖！“我”也知道孔乙己将不久于人世，但是他的诚信、善良，他带给“我”的欢乐，终于让“我”生出一丝希望：孔乙己肯定是活不长了！但是我希望他还没死吧？说不定他会哪一天又出现在酒店之中，那时，我又可以笑几声，并且，店内外充满快活的空气……

请大家记住：孔乙己是一个既可怒而又可哀的人。

也请大家记住表达语法的重要思想：任何语法形式都是为了表达人们的思想和感情的。“大约孔乙己的确死了”艺术地、深刻地表达了“哀其不幸、怒其不争”的态度和感情。

实例分析：“假如我是一只鸟”表达的主观语义分析。

假如我是一只鸟，
我也应该用嘶哑的喉咙歌唱：(《我爱这土地》)

传统语法一般把上述实例分析为假设复句，其他方面没有更多的分析。这样的分析非常粗疏，漏失了很多语义和表达方面的东西。下面我们来逐步分析。

1. 该句的复句构造和语义分析

按照“假如”这个连词的用法，这两句应该分析为假设复句。但是，联系第二句中的“也”，可以看出，前两句中还包含着让步关系。假设和让步有共同之处，都可以表示非真实的情况或条件。“假如、假使、即使”都可以用于假设复句，“假如”重在假设，“即使”侧重于让步，“假使”则假设、让步兼顾。

一般说来，假设关系多用于情况和推理的关系，最常见的格式为：

假如(如果)……那么(就)……

而让步关系多用于表示情况同行动的关系，最常见的格式为：

即使……也……

课文中的前句使用了“假如”，但是后句中使用了“也”，所以兼有假设、让步两种关系，既表示假设状况和行为的假设关系，也表示意愿同行动的让步关系。

上述两句的分析，除了复句类型和逻辑语义关系的分析之外，还有一点应该指出的，那就是连词“假如”和副词“也”所表达的主观态度和情感。

“也”表达让步关系。所谓让步关系，是行动者要发出一定的行动，但是却不具备发出动作行为的客观条件。然而，行动者仍然要发出他要发出的动作行为。因此，“也”所表达的让步关系具有强烈的主观性。

“假如”的主观性也同样强烈。因为“假如”表达的是主观的虚拟状况，在现实世界中实际上是不存在的，比如人不可能变成一只鸟。但是作者仍然要这样表达。为什么？这只能归因于强烈的主观意愿。当然，虚拟意义并非真实语义，对理解文本有一定的障碍。这就要通过虚拟意义的推理,来获得作者要表达的真实意义。请看我们下面对上述假设复句的真实意义的推导分析。

2.假设复句的虚拟意义和真实语义的推导分析

"假如我是一只鸟"表达的并不是真实的情况,而是一种假设(作者是人,而不是一只鸟)。那么我们如何通过这个假设复句去获得真实的信息呢?

要想通过对假设复句的分析获得作者要表达的真实意义,我们还是要进行语义分析。落实到本句,我们要运用的分析方法是:以假设复句作为推理的前件,或者说是前提,然后以真实条件为前提,推导出真实的结论。这样的推导一般是因果推导。

假如我是一只鸟,我也应该用嘶哑的喉咙歌唱(这是推理的前件),那么作为一个中国人,我更应该为这片土地献出热血和生命。

由此可见,假设复句的真实语义可以通过真实条件的因果推理而显现出来。

3.能愿动词"应该"的语义和表达分析

在上例中,"我也应该用嘶哑的喉咙歌唱"中的"应该"也可以换用"要"或"可以"。那么,用"应该"和用"要""可以"有什么区别呢?我们来比较、体会一下:

假如我是一只鸟,我也应该用嘶哑的喉咙歌唱;

假如我是一只鸟,我也要用嘶哑的喉咙歌唱;

假如我是一只鸟,我也可以用嘶哑的喉咙歌唱;

通过比较、体会、分析,我们可以看出:

"应该"表示发出的行动涉及两方面:一是社会的、客观的义务所规定的,是必须发出的;一是个人根据社会的客观要求必须发出的,否则就没有尽到个人的责任。所以在模态逻辑中把"应该"表达的意义定名为"道义"。

"要"侧重于表示发出的行动是主观的愿望所决定的,而不在于客观社会允许不允许。所以在模态逻辑中把"要"表达的意义定名为"愿望""意愿"或"欲望"。

"可以"侧重于表示主观上有能力发出一定的行动,就客观社会的义务来说也是可以的，但是发出行动也行，不发出行动也行，也就是说，“可以”发出的行动不像“应该”发出的行动那样具有必须性、责任性。

通过上面的分析，我们就可以理解作者为什么选用“应该”了：在当时，中华民族到了危难关口。国家兴亡，匹夫有责。每一个中国人都“应该”为祖国行动起来。而“要”只强调了主观的愿望，但是却没有把个人的行为同民族、国家联系起来。“可以”只是说明了主观的能力，但没有强调主观行动的必须性。因此，“应该”表达的意义是最准确的。

语义是客观事物和人的主观认知的结果，因此，语义的主观性是不容置疑的。当然，语义的客观性也是事实。这一点不用多说，我们也不应该偏废。

7.1.3 附加意义的重要性

词义由理性意义和附加意义（色彩意义）构成。长期以来，人们都比较重视词语的理性意义，而对词语的附加意义重视不够。这是一种不全面的看法。如果从表达的角度来看，附加意义有时起着更重要的、难以替代的作用。我们来看下面一个例子：

斗转星移，岁月流逝，人们常常慨叹：日月如梭，光阴似箭哪！

查《现代汉语词典》得到：

【日】①太阳。

【月】①月球；月亮。

【梭】织布时牵引纬线（横线）的工具，两头尖，中间粗，形状像枣核。

【光阴】①时间。

【箭】①古代兵器，长约二三尺的细杆装上尖头，杆的末梢附有羽毛，搭在弓弩上发射。

按照话语理解的一般机制，我们只要把上面这些词语的语义代入“日月如梭，光阴似箭”这两句话中的相对应的词语，就应该能得到这两句话的语义解释。然而，“日月如梭”这句话并不是说，太阳和月亮像梭子那样是“织布时牵引纬线（横线）的工具，两头尖，中间粗，形状像枣核”，“光阴似箭”也不是说时间像箭那样是

"古代兵器，长约二三尺的细杆装上尖头，杆的末梢附有羽毛，搭在弓弩上发射"。这两句话实际表达的意思是：太阳和月亮像梭子那样往复运行，去而复返；时间像箭矢那样飞快流逝，一去不回。也就是说，"梭"实际输出的意义是"往复运行，去而复返"；"箭"实际输出的意义是"飞快流逝，一去不回"。像"梭"的"织布时牵引纬线（横线）的工具，两头尖，中间粗，形状像枣核"这些意义，"箭"的"古代兵器，长约二三尺的细杆装上尖头，杆的末梢附有羽毛，搭在弓弩上发射"这些意义，它们在话语中并没有输出，或者说在表达上没起作用。

通过上面这个例子我们可以看出：在一定条件下，词语的附加意义在话语信息的传递中能够起到比理性意义更为重要的作用。

附加意义同理性意义的关系很密切。理性意义是人们对词语所表示的事物、现象的普遍特征进行概括抽象的结果。在这一概括抽象过程中，人们要把一些非普遍性的属性，以及事物在各种情势、状况下所表现出的特点排除在理性意义之外，以保证词语的理性意义的概括性和准确性。例如"狗"的理性意义是："哺乳动物，嗅觉和听觉都很灵敏，毛有黄、白、黑等颜色。是人类最早驯化的家畜，有的可以训练成警犬，有的用来帮助打猎、牧羊等。"（见《现代汉语词典》）这一理性意义从狗的类属、感觉特点、颜色、功用等几个方面概括了狗的特征。至于有的狗倚仗人势、欺侮外人的"势利"特点，有的狗为了保卫主人奋不顾身的"忠诚、勇敢"的特点，狗在发疯时胡乱咬人的"不分好歹、不认人"的特点，野狗的"贪婪、残忍"的特点等，就都没有概括在内。像上述"势利、忠诚、勇敢、贪婪"等非本质的特点和不同情况下的状态，虽然也是狗的特征中的一部分，有的甚至还比较突出，但由于不具有普遍性，因而在人们概括、抽象"狗"的理性意义的过程中就未能进入概念的内涵而转化为"狗"这个词的理性意义。但是，这并不是说，狗的"势利、忠诚、贪婪"这些非本质特征以及在各种情况下的状态、表现，经过人们的概括、抽象以后就消失了。它们虽然未能进入概念的内涵而转化为"狗"这个词的理性意义，但却作为概念内涵的附加特征而转化为"狗"这个词的意义中的附加意义成分。当我们使用"狗"这一词语时，我们根据其理性意义确定了所指对象，同时也会激活、联想起这些附加的语义成分，即是说，这些附加的语义成分被激活后同理性意义一起进入到话语中，并且在一定条件下显现出来。例如：

儿不嫌母丑，狗不嫌家贫。（显现“忠诚”附加义）

这家伙真是狼心狗肺！（显现“狠毒”义）

这个人六亲不认，活像一条狗！（显现“没有人性”义）

苟润田外号“哈巴狗”，就是因为他仗势欺人。（显示“势利”义）

同样，本节上面的例子中“梭子”的“往复运行，去而复返”，“箭”的“飞快流逝，一去不回”这些特点只有在它们运动时才表现出来，这些特点虽然没有转化为理性意义而只成为附加的语义成分，但当我们在使用“梭”“箭”这两个词的时候，仍然能够激活、联想起这些特点。

同理性意义相比，词语的附加意义是相对丰富的。这是因为理性意义是由事物的普遍特征概括抽象转化而成，而附加意义则是由事物多方面的特征和多方面的状态概括转化而成。例如名词“火”的理性意义是“物体燃烧时所发的光和焰”（《现代汉语词典》），而“火”的附加意义则是多方面的。请看下面的例子：

如火如荼。（盛壮、热烈）

朝霞似火。（赤红、绚丽）

性烈如火。（暴烈）

天如火，水似银。（炎热）

青春似火。（旺盛、蓬勃）

军情如火。（紧迫、危急）

激情如火。（热烈、跳荡）

心急如火。（灼热、焦躁）

可以看到，名词“火”的多样的附加意义可以通过不同的比喻结构提取并显现出来。

一个词语含有多方面的附加意义，不同的词语也含有相同的附加意义。因此，一方面，人们既可以从一个词语中提取不同的附加意义描景状物，充分发挥词语的表达功能，使表达经济、简明，收到“言有尽而意无穷”的效果。例如：

a.柔情似水，佳期如梦，忍顾鹊桥归路。

b.君子之交淡如水。

c.离愁渐远渐无穷，迢迢不断如春水。

d.月光如水照缁衣。

e.阿里山的姑娘美如水。

f.眉似远山，目若秋水。

在上面的例子中，a句提取的是“水”这一词语“缠绵、交融”的附加意义，b句提取的是“净洁、素雅”的附加意义，c句提取的是“无穷无尽、缠绵不绝”之义，d句提取的是“清冷、弥漫”之义，e句提取的是“纯洁、柔美”之义，f句提取的是“晶莹、清澈”之义。表达的目的不同，语境不同，词语附加意义的显现也各有变异。正所谓“横看成岭侧成峰，远近高低各不同”。

另一方面，人们也可以从不同的词语中提取相同的附加意义，使表达丰富多彩。比如，形容“快”，我们有“如箭、如鹰隼、如流星、如闪电、如疾风、如脱兔、如子弹”等；形容“慢”，我们又有“如蜗牛、如乌龟、如老牛、如肥鹅”等。丰富的附加意义，表达了事物千姿百态的形貌，绚丽斑斓的色彩，细致微妙的情感，千差万别的特性，可以让人们对事物进行多侧面、多角度的立体描绘。因此，注意附加意义的重要性，对于写作表达是很有帮助的。

7.2 词语释义、词义分析和相关的方法

词语解说是语文教学的基本功。词语解说的要素包括语音、意义、功能、结构、用法等，其中难度最大的就是词语的词义分析，这是大家公认的。

传统的语义分析主要是分析词语的意义，分析的对象基本上就是词和成语，其次就是句式语义的分析，再加上复句的逻辑语义，这些基本上就是传统语义分析的内容。随着中学语文教学的发展和深入，中学语文阅读教学对语义分析提出越来越高的要求，这些要求不仅有分析范围、分析内容方面的，也有语义分析方法和语义分析理论方面的。

现行中学语文教学中词义和词义分析的内容同大学《现代汉语》课程中“词

汇”章中关于词义部分的内容大同小异,主要是以下方面的内容。

词义的性质。这部分主要说明词义的概括性、词义的模糊性、词义的民族性。

词义的构成。这部分主要说明词的理性意义(核心义)和色彩义(附加义)。

词的义项及其分类。这部分主要说明义项、词项的概念,单义词、多义词的划分,多义词的本义、基本义、引申义,比喻引申义和借代引申义等。

词义成分(义素)和词义成分分析。词义成分(义素)是对义项进行分析得到的构成成分。词义成分分析是词义的微观分析。这方面的内容中学一般不讲。

语义场。语义场是词语依据一定的语义范畴(颜色、人体)或语义关系形成的类聚,也就是词群。在语义场知识方面,中学语文教学一般只涉及同义词、反义词。

上面这五个方面的内容,虽然对中学语文教学有一定用处,但是总的情况来看,用处不大,需要根据中学语文教学的实际进行选择、调整、加强,以便更好地辅助理解与表达。

7.2.1 词语释义

词语释义是教师们经常遇到的问题,也是语文教师重要的基本功之一。词语释义和词义分析有着密切的关系。要掌握好词语释义这项基本功,就要了解、掌握相关的词义分析知识。

词语释义主要是对词语的理性意义进行解释。常用的释义方法主要有如下三种:一是归类和限定;二是描写和说明;三是比较和参照。

(1)归属和限定

根据词语之间涵盖和被涵盖的关系,把要解释的词语归入涵盖该词语的上义词或整体词之中,这是归属;然后对上义词或整体词加以各种不同的修饰、限制,体现出被解释词语的地位和特点,这是限定。归属和限定是根据词语之间的上下义关系和整体—部分关系进行解释词义的方法。例如:

飞禽:会飞的鸟类。

飞舟:行驶极快的船。

渔民:以捕鱼为业的人。

财权:财产的所有权。

论坛:对公众发表议论的地方。

节日:庆祝、纪念、祭祀的日子。

鸟瞰:往下看。

通红:很红,十分红。

人体:人的身体。

上肢:人体的主要部分之一,包括上臂、前臂、腕和手。

上臂:胳膊上由肩至肘的部分。

前臂:胳膊上由肘至腕的部分。

任何事物都经过思维的概括而形成种类(最典型的分类是生物学的分类),任何一个个体也都是由不同的部分构成的整体,所以类属关系、整体—部分关系是普遍存在的。因此,归属和限定是适用范围很广的释义方法。

(2)描写和说明

根据词语表示的人和事物、动作、性质状态的特点,对词语表示的人和事物、动作、性质状态进行分解、描述和说明。这种方法是根据词义和词义成分的关系、词义的特征进行释义的方法。例如:

梭:织布时牵引纬线(横线)的工具,两头尖,中间粗,形状像枣核。

箭:古代兵器,长约二三尺的细杆装上尖头,杆的末梢附有羽毛,搭在弓弩上发射。

抿:嘴唇轻轻地沾一下碗或杯子,略微喝一点。

摩挲:用手按着并一上一下地移动。

搭讪:为了跟人接近或把尴尬的局面敷衍过去而找话说。

论述:叙述和分析。

决定:①对如何行动作出主张。②某事物成为另一事物的先决条件;起主导作用。

萧条:寂寞冷清,毫无生气。

顺利:在事物的发展或工作的进行中没有遇到困难阻力。

高尚：道德水平高。

(3)对比和参照

对于在词义上有对立关系的词语(对义词)，释义时指出其对义词，可以使释义更清晰，这是对比。对于具有元语言性质的基本词语，举出典型的例子以理解一般，这是参照。

大：在体积、面积、数量、力量、程度等方面超过一般或比较的对象(跟‘小’相对)。

小：在体积、面积、数量、力量、程度等方面不及一般或比较的对象(跟‘大’相对)。

软：物体内部组织疏松，受外力作用后容易改变形状(跟‘硬’相对)。

硬：物体内部组织紧密，受外力作用后不容易改变形状(跟‘硬’相对)。

红：像鲜血或石榴花的颜色。(颜色像鲜血或石榴花)

蓝：像晴天天空的颜色。

酸：像醋的气味或味道。

甜：像糖和蜜的味道。

基本度量词、基本感觉词、基本颜色词、基本气味词的释义基本上都是采用上述方法。如基本度量词“多、少、长、短、宽、窄、高、低、厚、薄、轻、重、快、慢”等。

词语释义的方法还有同义、反义释义法，是传统的、辅助性的释义方法。例如：

轻视：蔑视，小看，看不起。

轻视：不重视。

开：不关闭。

碍眼：不顺眼。

沉默：不说话。

同义释义法主要用于具有“普—方”关系、“古—今”关系、“文—白”关系的词语，同义词群中要确定参照点。至于反义或否定这种释义方法则不能滥用。

7.2.2 词义分析

(1)上下文分析法

多义词的语义分析是一个比较重要的内容。在常用词中，多义词是大量的，多义现象也最突出。如何在具体的语句中确定多义词显现的意义，是准确理解话语的必要条件，也是语文学习中的一项基本技能。分析多义词常用的方法，也是比较有效的方法，就是语境分析法。语境有广义和狭义之分，广义的语境指语言交际的环境，包括交际者、时间、地点、事由等因素。狭义的语境指语言环境，就是通常所说的上下文。

如果从词义的产生来说，词语一开始应该都是单义的。随着词语的使用的发展变化，特别是词语之间组合情况的变化，词语的意义也开始发生变化，这样就出现了词义的引申和演变。词义的引申和演变同词语的组合情况关系非常密切，实际上，词语的多义现象要通过不同的词语组合搭配情况显示出来。在语文词典的编纂中，多义词的不同意义(义项)也是根据不同的词语组合搭配情况分析归纳出来的。因此，根据词语组合搭配的情况确定词语在具体文本中的具体意义，不仅符合词义发展变化的实际情况，而且也有方法论的依据。

以现代汉语常用动词“打”的词义分析为例。根据《现代汉语词典》的分析，“打”的意义有25个，这么多意义是怎么分析出来的呢？就是根据“打”同上下文的组合搭配情况分析出来的，而且主要是根据“打”和宾语的组合搭配情况分析出来的。因为对于不同的人和事物(也就是动作行为的对象)，发出或采取的动作行为是不同的。虽然这些对象都可以同“打”组合，但是在具体的组合搭配中，只能出现一种或一类。而动词“打”的意义在具体的组合搭配中，也只能显示其中的一个意义。这样就把“打”所表示的不同意义区分开了。例如：

打门、打鼓、打锣、打铁、打字→词义：敲击。

打架、打人、打屁股、打板子→词义：殴打。

围点打援、打七十四师、打下南京→词义：攻打。

打刀、打锄头、打家具、打烧饼→词义:打造、制作。

打包裹、打铺盖卷儿、打绑腿→词义:捆,缠。

打草鞋、打毛衣→词义:编织。

打酱油、打酒、打醋、打饭→词义:买。

打电话、打电报、打信号弹、打暗号→词义:发出。

打伞、打灯笼、打旗子→词义:举、提。

打篮球、打游戏机、打扑克、打麻将→词义:玩耍。

实例分析:"算"的词义分析。

我十三岁时,聪明伶俐。我认为,在当时算得上一个少见的聪明孩子。

"算"这个动词的本义是"计算",以后又引申出如下意义:

(1)计算进去;作为其中的成分。

(2)推算;推测。

(3)认作;当做;当成。

(4)承认有效力。

(5)作罢。

以上释义均引自《现代汉语词典》。

下面是"算"的用例,请根据"算"在例子中的上下文,按照上面列出的义项,确定每个例子中的"算"表示的意义。

A.这件事太难了,我看算了。

B.窃书不能算偷……窃书!读书人的事,能算偷么?

C.算上小王、小李两个,我们一共有五个人。

D.诸葛亮算准了司马懿不敢冒险,才摆下空城计的。

E.你要是说了不算,以后就没人信你了。

F.我十三岁时,聪明伶俐。我认为,在当时算得上一个少见的聪明孩子。

实例分析:"丢"的词义分析。

根据下面例句中的"丢"的上下文,请指出"丢"在具体的用例中表示的意义。

A. 我第一次读到关羽死了，哭了一场，把书丢下了。

B. 下象棋要懂得丢卒保帅的道理。

C. 公共场合，不要随地丢果皮纸屑。

D. 小胖不小心，把书包丢了。

通过上面两个例子的分析，我们可以看出：上下文分析的重要之点是选择具有区别能力的上下文成分，有时是上文成分，有时是下文成分。这就需要对比、选择。

(2)设框法

词语意义的分析也可以运用设框法(或曰设境法)。所谓设框法，就是给出所要分析的词语的上下文，形成一定的框架(语境)，然后分析词语对语境的适应情况，据此发现词语的特点及其间的区别。例如，"趣味、兴趣、兴致"是一组近义词。它们的区别是什么呢？先看它们的释义：

趣味：使人愉快，使人感到有意思、有吸引力的特性。

兴致：兴趣。

兴趣：喜好的情绪。

以上释义均引自《现代汉语词典》。

通过上面的释义我们可以看到："趣味"是一种"特性"(特殊的属性)，是属于事物的。而"兴趣"则是"喜好的情绪"(喜欢爱好的情绪)，是属于人的。"兴致"用"兴趣"来释义，可见"兴致"也是属于人的。它们之间的区别可以通过设境法检测验证。例如：

这本书很有(　　)。

用上面的语境检测验证，可以看到："趣味"可以进入设置的语境，"兴趣""兴致"不能进入。

既然"兴趣"是"喜好的情绪"，"兴致"也是，那么"兴趣""兴致"的使用一般需要出现喜好的对象成分。试比较下面的例子：

他对下棋很有兴趣。(√)　他很有兴趣。(?)
他对下棋很有兴致。(√)　他很有兴致。(?)
他对下棋很有趣味。(?)　他很有趣味。(?)

至于"兴趣"和"兴致"的区别，则主要表现在"时间"因素上。一般来说，"兴趣"持续的时间比较长，范围也比较广；相对来说，"兴致"持续的时间则比较短，范围也比较小，往往针对一事一物。这一点也可以通过语境检测出来：

我从小就对体育有浓厚的兴趣。(√)　我从小就对体育有浓厚的兴致。(?)
我对体育有广泛的兴趣。(√)　我对体育有广泛的兴致。(?)

此外，"兴致勃勃"也不能说成"兴趣勃勃"。

最后我们再通过课文用例来验证一下：

因为看《三国演义》，引起了我对章回小说的兴趣。

在我祖父的书桌上看到了林琴南老先生送给他的《茶花女遗事》，使我对林译外国小说产生了广泛的兴趣。

《红楼梦》是在我十二三岁时看的，起初我对它的兴趣并不大。

课文中关于"兴趣"的用例可以概括为：某人＋对＋某物或某事＋有兴趣。

通过验证，证明我们的分析是符合语言实际的，分析的结果是可信的。

语义框架在语义分析中很有用，尤其是对于关系语义的分析。下面我们来根据实例进行分析。

实例分析："相宜"的语义分析。

"相宜、合适、适宜"是一组同义词，它们的词义解释如下：

相宜：适宜。

合适：符合实际情况或客观要求。

适宜：合适；相宜。

以上释义均引自《现代汉语词典》。

这一组词互相释义，可见词义相同，以“合适”作为代表进行词义的分解说明。

“相宜、合适、适宜”是评价性形容词。这一小类形容词评价的不是人和事物，而是侧重于关系。按照“合适”的释义来说，就是：某因素是否符合实际情况或客观要求。实际上也就是两者或多者之间是否合理、协调的关系，尤其是动作行为同其他相关因素（人、时间、空间、方式等）之间的合理关系。所以性质评价和关系评价是不同的。例如：

小明很优秀。/ 三班很优秀。——性质评价

小明当班长很合适。/ 三班去参赛不合适。——关系评价。

关系一般存在于两者或多者之间，所以关系评价要求至少要具备两个因素。如果只有一个因素，就会有语义不足的感觉。例如：

玩手机不合适。（?）

现将“相宜、适宜、合适”类形容词的评价语义框架归纳如下：

①某人＋做某事＋合适（不合适）。例如：小明当班长合适。

②某时＋做某事＋合适（不合适）。例如：饭后剧烈运动不合适。

③某处＋做某事＋合适（不合适）。例如：公共场合吐痰不合适。

④某方式＋做某事＋合适（不合适）。例如：张三和李四当面互相揭短很不合适。

上面的框架可以进一步概括为：A＋B＋（不）合适。

这个框架可以扩展为成分复杂的复合框架：

⑤某人＋某处＋某时＋某方式＋做某事＋合适（不合适）。例如：

他在课堂上老师讲课时随便提问是不合适的。

课文《从百草园到三味书屋》中两次用到“相宜”,如下:

拍雪人和塑雪罗汉需要人们鉴赏,这是荒园,人迹罕至,所以不相宜。

先生读书入神的时候,于我们是很相宜的。

第一句没问题,其语义表达可以转化为如下形式:

在人迹罕至的荒园里,做(需要人们鉴赏的)拍雪人和塑雪罗汉游戏,是不相宜的。

其语义可以概括为:在某处+做某事+不相宜。

第二句似乎有点问题:

先生读书入神的时候,于我们是很相宜的。

此句的语义不符合上面“相宜”的语义框架②:某时+做某事+相宜(不相宜)。

对照语义框架②,我们发现,“先生读书入神的时候,于我们是很相宜的”这个句子少了一个语义成分“做某事”(课文中是“做游戏”),因此有语义不足的感觉。所以这个句子应该改为:

先生读书入神的时候,对于我们做游戏是很相宜的。

这么一改,语义就完整了,意思也明白了。

汉语中的关系形容词、态度形容词、感受形容词基本上都涉及两者之间的关系。它们的语义都可以用“A+B+形容词”框架来表示和分析。简要列举如下:

关系形容词:合适、相宜、适宜、恰当、合理、有利、有害、不利、有效、无效等。

态度形容词:恭敬、傲慢、热情、亲热、冷淡、友好、客气、诚恳、虚伪、和气等。

感受形容词:可怜、满意、抱歉、遗憾、愤慨、惭愧、害羞、难受、陌生、面熟等。

(3)词义分解法

词语的语义分析有时需要对词义进行分解,由此来发现词义的特点。

实例分析:

《我的第一次文学尝试》中运用了如下词语——讽刺、嘲笑、笑话、挖苦、指责、诽谤。这一组动词都和言语有关。下面是它们的释义:

讽刺:用比喻、夸张等手法对人或事进行揭露、批评或嘲笑。

嘲笑:用言辞笑话对方。

笑话:耻笑(鄙视和嘲笑);讥笑(用旁敲侧击或尖刻的话指责、或嘲笑对方的错误、缺点或某种表现)。

指责:指出错误,加以批评。

挖苦:用尖酸刻薄的话讥笑人。

诽谤:无中生有,说人坏话,毁人名誉。

(均来自《现代汉语词典》)

上面这些词语的释义说明了上述动词的语义特点。

例如"挖苦"的词义是"用尖酸刻薄的话讥笑人",词义特点是行为的工具。

"指责"的词义是"指出错误,加以批评",词义特点是行为的方式(有选择的)。

"诽谤"的词义是"无中生有,说人坏话,毁人名誉"。其中"无中生有"是"诽谤"行为的"方式","说人坏话"是"诽谤"行为本身,"毁人名誉"是"诽谤"行为的"目的"。这样来分析词义,可以让我们对词义掌握得更清楚、细致。

7.2.3 词义和词义分析——《春》的词语解说

词语解说点1:"春"之题解

解析"春"这个名词性文题,首先要注意名词语义的整体性和多样性。

该篇课文的题目是"春"。"春"是多种因素结合起来共同形成的一个整体。一个"春"字,包含了春风、春日、春山、春水、春草、春花、春雨、春夜……,涵盖了春天的原野、春天的鸟儿、春天的人们、春天的各种形态和精神。“春”的语义的整体性和涵盖力可以表示为下图：

春——
杨柳 青草 桃花 杏花 李花 迎春花 麦苗 油菜花……
燕子 蜜蜂 蝴蝶 小鸟 青蛙 风筝……
孩子 姑娘 小伙子 农民 耕牛……
春风拂面 春雨淅沥 阳光灿烂 春水迢迢 青山含黛 碧野如烟……
杨柳飘拂 桃李争艳 青草麦苗如茵 油菜迎春金黄……
燕子筑巢 鸟语呢喃 金蜂采蜜 彩蝶戏花 风筝入云端……
姑娘小伙子欢笑 孩子们游玩 农民耕作 春色满平原

再来看“春”的附加意义。“春”是一年四季中的第一个季节，也是严寒的冬季之后随之而来的季节，所以“春”这个名词还含有较丰富的附加意义，亦即语义的多样性。“春”含有“绿色；美好；温暖；生命、生机勃勃；充满希望；起点”等附加意义。例如：

对待同志要像春天般温暖。
医生给了我生命的第二个春天。
让我们张开双臂，拥抱这科学的春天吧！

这些附加意义在课文文本中也有体现和表达。例如：

“一年之计在于春”，刚起头儿，有的是工夫，有的是希望。
春天像刚落地的娃娃，从头到脚都是新的，他生长着。
春天像小姑娘，花枝招展的，笑着，走着。
春天像健壮的青年，有铁一般的胳膊和腰脚，领着我们上前去。

理解“春”的这些附加意义，可以加深对课文文本的理解。

词语解说点2：“盼望着，盼望着”的语义和表达分析

课文呈现：

盼望着，盼望着，东风来了，春天的脚步近了。(《春》)

对于一个词语，仅仅让学生们知道了词的读音和意义还是不够的。同学们对词语的掌握应该是全方位的。例如课文《春》里“盼望”这个词的学习要求是：

首先要把“盼望”和“希望、期望、渴望”等联系起来。其次，课文里只显示了一种用法“盼望着”(可以后附动态助词)，其他的用法，例如“盼望春天、盼望成功”(能带宾语)，“盼望的人们、盼望的心情”(可以做修饰语)，“急切地盼望、热切地盼望、一直在盼望”(可以受其他词语的修饰)，“盼望得太久了”(可以带补语)等用法课文就没有显示，这就需要老师们点拨、例释、训练，这样才能提高词语学习的质量。

“盼望着，盼望着”是动词性非主谓句，也就是通常所说的无主句。根据词语的语义联系，动词“盼望”表示的动作行为应该是有主体的。那么如何理解“盼望”的主体呢？

“盼望”的主体有这样几种可能：一是作者本人，即“我”；二是和作者同类的人，即“我们”或“人们”；三是更大范围的万事万物。根据课文的内容来分析，第三种可能最为恰当，即万事万物都在盼望着春天的到来。

从表达形式来看，“盼望着，盼望着”运用了重复手段(不是重叠)，动态助词“着”表示动作行为状态的持续。“盼望着，盼望着”的重复形式表达了盼望的持续、热切和强烈。

词语解说点3：语义错位及其理解机制

比喻、比拟是两种不同的辞格，但就其实质来说，都是词语的组合搭配，特别是语义组配方面的问题，其共同之处就是对词语的语义进行错位搭配(也有人叫做超常搭配)，以达到一定的表达效果。所以我们把由比喻、比拟形成的语义错位情况合并分析。

语义错位例：

东风来了，春天的脚步近了。

"春天的脚步"是一个语义错位组合,因为"春天"是没有"脚步"的,这是把"春天"看作"人"来表达。那么"春天"应该是一个什么样的人的形象呢?综合"春"的附加意义,我们觉得,"春天的脚步近了"中的"春天"应该是一个青年女性的形象——春姑娘。

语义错位例:

一切都像刚睡醒的样子,欣欣然张开了眼。

"像刚睡醒的样子"是比喻,本体是"一切",指的是一切生物(草、树、鸟、虫等);喻体是"(人)睡醒","欣欣然张开了眼"是喻解,指明比喻点。这个比喻意在描述万物复苏,进入春天。

语义错位例:

小草偷偷地从土里钻出来。

"小草"和"偷偷地""钻"之间的组合搭配有语义错位现象。"偷偷地"本来用来描述人的状态,这里用来描述"小草",写出了小草的胆怯、羞涩。"钻"本来表示人或动物的动作,这里用于"小草",写出了小草的坚韧、顽强,以及对春天的强烈渴望。

语义错位例:

桃树、杏树、梨树,你不让我,我不让你,都开满了花赶趟儿。

上例中用"你、我"指代各种果树,是拟人;"让"的用法也是拟人。人称代词"你、我"的用法是一种泛指的用法,泛指各种果树。"赶趟儿"的用法也是拟人,可以理解为"争先、争繁、争艳"。

语义错位例:

鸟儿将窠巢安在繁花嫩叶当中,高兴起来了,呼朋引伴地卖弄清脆的喉咙,唱出宛转的曲子，与轻风流水应和着。

上例中的“高兴、呼朋引伴、卖弄、唱、应和”这些词语都是拟人，同“鸟儿”的语义也有错位情况。这些词语的语义错位写出了鸟儿的兴奋、招摇、得意、陶醉的神态，写得生动传神。

上面举出的语义错位（超常搭配）现象基本上出现在主体成分和属性成分之间。主体成分一般表示人和事物，属性成分一般表示主体的动作行为、性质状态、所属部分等。在语义错位结构中，错位成分一般多为属性成分。比如在“春天的脚步”这个组合中，“春天”是主体成分，“脚步”是属性成分，表示属于“春天”的一个部分（腿脚移动的动作）。但是主体成分“春天”没有腿脚，这就形成了语义错位。

明白了语义错位的原因，那么我们在理解语义错位结构时，就要采取一定的策略和方法，对语义错位结构给出合理的语义解释。这就是语义错位结构的理解机制问题。

理解语义错位结构的第一步是“以错为对”。即以语义错位成分（一般为属性成分）的语义为基点，承认语义错位成分语义为对（正确）。

第二步是“语义求正（正常）”，即以语义错位成分的语义为基点，寻求该语义的正常组合成分（一般为主体成分）。

第三步是“语义复合”。即把求正得到的主体成分同错位结构中的主体成分复合为能够同错位成分正常组合的新主体成分。新主体成分不仅要能够同错位成分正常组合，而且还要具有原主体成分的形象特点。

仍以“春天的脚步”为例：

第一步：春天的脚步（“脚步”确实存在）。

第二步：人的脚步（此为正常组合）。

第三步：春天＋人＝春姑娘

所以春天的脚步＝春姑娘的脚步

其余的例子可类推。

我国修辞学的问题之一就是:给出了数量惊人的辞格,却没有给出辞格的语义理解机制。所以在中学语文教学中,辞格的作用就是用于表达。“日月如梭,光阴似箭”大家都知道是比喻,可是“日月”和“梭”“光阴”和“箭”的语义组合状况如何?语义解析机制如何?像这样的问题不知道是否曾经出现在老师们的脑海里。搞好修辞现象的语义理解机制对于阅读教学意义重大。这就有待于我们大家共同努力了。

词语解说点4:趋向动词“起来”的意义分析

课文呈现:

山朗润起来了,水涨起来了,太阳的脸红起来了。

上面例子中的“朗润”“红”是形容词,“涨”是动词,它们在上面句子中都表示一种状况,而趋向动词“起来”附着在形容词或动词后面,表示状况发展变化的状态,这种状态是一种复合状态,表达的是“起始—延续”态,意思就是:一种状态开始出现,并且还将延续下去。“山朗润起来了。”这个句子表达的意思是:山开始变得朗润,并且还将继续朗润下去。“水涨起来了”“太阳的脸红起来了”表示的意思也相同。“水涨起来了”“太阳的脸红起来了”表示的意思也相同。这三个句子结合在一起,不仅表达春天已经来到,而且春意会越来越浓,未来将是春光灿烂,春意盎然!

“起始—延续”态是一种刚刚开始、并且继续渐进的状态,所以前面可以出现表示渐进的修饰语。例如:

山渐渐地朗润起来了。
山一天天朗润起来了。

表示“起始—延续”态的趋向动词还有“下来、下去”。例如:

灯光渐渐地暗下来了。
房间里的温度渐渐地降下来了。

敌人一天天烂下去，我们一天天好起来。

词语解说点5：形容词的重叠式“AA的”

课文呈现：

小草偷偷地从土里钻出来，嫩嫩的，绿绿的。

能够重叠是形容词的语法特征之一。单音节形容词的重叠形式为“AA的”。单音形容词重叠后表示程度适中，带有可爱的色彩。试比较：

胖脸 / 胖胖的脸

白脸 / 白白的脸

“胖脸、白脸”是说脸很胖、很白，而且含有胖得臃肿、白得过分的意味。“胖胖的脸、白白的脸”则是说胖得适中，白得耐看，胖得肉乎，白得可爱。

双音形容词的重叠形式为“AABB的”和“ABAB的”。例如：

清清楚楚 / 干干净净 / 老老实实 / 痛痛快快

笔直笔直的马路 / 漆黑漆黑的夜晚 / 通红通红的火焰 / 喷香喷香的米饭

双音节形容词重叠后一般表示程度加深。

一些表示贬义的双音形容词的重叠形式是“A里A B的”。例如：

小气 / 小里小气　土气 / 土里土气　洋气 / 洋里洋气　俗气 / 俗里俗气

古怪 / 古里古怪　糊涂 / 糊里糊涂　慌张 / 慌里慌张　肮脏 / 肮里肮脏

上面例子中的形容词重叠后除了表示程度加深，而且依然含有贬义，并且有轻视、鄙夷的色彩。

词语解说点6：叠音词缀形容词

课文呈现：

风轻悄悄的，草软绵绵的。

突然，一串串亮晶晶的光点从黑黝黝的屋脊上飞起来。(《周庄水韵》)

我的眼前，一片镶着露珠的绿茵茵的草滩，草滩上生长着黄灿灿的油菜花。(《青海湖，梦幻般的湖》)

到了盛夏时节，一群群、一层层的鱼儿自由自在地浮游着，金灿灿，红艳艳，美极了。(《青海湖，梦幻般的湖》)

现代汉语中的词缀除了单音的“-子、-儿、-头、-者”等之外，还有一部分双音叠音后缀。这部分双音叠音词缀一般附着在形容词词根后面。这样构成的形容词在表达上具有生动、形象的特点。上面例子中的“轻悄悄、软绵绵、亮晶晶、黑黝黝、绿茵茵、黄灿灿、金灿灿、红艳艳”就是这种叠音词缀形容词。

一个叠音词缀可以附着在多个形容词词根后面。例如：

-乎乎：胖乎乎、傻乎乎、辣乎乎、热乎乎、软乎乎、肉乎乎

-巴巴：干巴巴、紧巴巴、皱巴巴、可怜巴巴

-冲冲：气冲冲、怒冲冲、兴冲冲

-哄哄：乱哄哄、闹哄哄、毛哄哄

-溜溜：酸溜溜、圆溜溜、光溜溜、滑溜溜

另一方面，一个词根也可以加上不同的叠音词缀。例如：

红：红扑扑、红通通、红艳艳、红彤彤

乱：乱哄哄、乱糟糟、乱腾腾、乱蓬蓬

热：热乎乎、热腾腾、热烘烘、热辣辣

叠音词缀表示的大多是感觉方面的意义，如形象、色彩、温度、味道等，这是叠音词缀的表义特点。叠音词缀具有较强的表现能力，可以表现出鲜明的色彩、细

微的感受等。下面是一些常见的例子：

红通通 红艳艳 红彤彤 绿油油 蓝莹莹 黄澄澄 金灿灿 白生生 青凌凌
明晃晃 亮堂堂 阴沉沉 黑压压 黑黢黢 黑乎乎 雾蒙蒙 灰蒙蒙
沉甸甸 轻飘飘 空荡荡 孤零零 水灵灵 水汪汪 干巴巴 硬邦邦 软绵绵
直挺挺 平展展 皱巴巴 圆溜溜 圆滚滚 毛茸茸
甜丝丝 酸溜溜 香喷喷 辣乎乎 苦歪歪 脆生生
冷冰冰 凉冰冰 凉嗖嗖 暖洋洋 暖烘烘 温乎乎 热乎乎 湿淋淋 潮乎乎
喜盈盈 恶狠狠 假惺惺 羞答答 怒冲冲 喜洋洋 笑哈哈 笑嘻嘻 笑眯眯

7.3 语句的语义分析

汉语的词组和句子基本上是一套构造原则：成分＋语序；结构成分是一套，都是主语、谓语、述语、宾语、定语、状语、补语、中心语；结构关系也是一套，都是主谓、述宾、述补、定中、状中、连谓等。汉语的词组和句子之间是实现关系，汉语的词组加上语气语调就是句子。汉语的词组和句子具有高度的一致性，因此，我们把二者的语义分析问题放到一起讨论，统称为“语句的语义分析”。

7.3.1 语法结构和语义结构的对应关系和相关理论

汉语语法学界经过新时期的探索研究，已经初步形成了关于语法结构和语义结构关系的理论，也称为“句法结构二重性理论”。该理论对于语句的语义分析具有重要的指导意义。现将该理论简要表述如下。

(1)句法结构的二重性

在由实词和实词组合成的句法结构中(不包括“实词＋虚词、虚词＋实词”构成的句法结构，如“关于语法”“我的”“吃了”等)，总是同时并存着两种结构和两种结构关系：语法结构和语义结构，语法结构关系和语义结构关系。语法结构是一种形式结构，语义结构是一种内容结构；语法关系是一种形式关系，语义关系是一种意义关系。句法结构的这一性质被称为“句法结构的二重性”。

语法结构和语义结构是两种不同性质的结构。二者的区别如下：

a.构成不同。语法结构的构成成分是语法成分，这些成分包括主语、谓语、述语、宾语、定语、状语、补语、中心语等；而语义结构的构成成分是语义成分，这些成分包括动作行为、施事、受事、结果、与事、工具、材料、方式、原因、目的、时间、处所等。

b.结构关系不同。语法结构成分之间的结构关系是主谓、述宾、述补、定中、状中、联合、连谓、同位等；而语义结构成分之间的结构关系是施事—动作、动作——受事、动作—结果、动作——处所等。语法结构关系的确定基本上是在主—谓的框架内确定，而语义结构则是以动词所表示的动作行为为中心而确定。这是二者一个显著的区别。

(2)句法成分的二重性

正是因为句法结构中同时并存着两种结构和两种结构关系，所以，当一个实词进入一定的句法结构时，总是同时具有两种性质：语法性质和语义性质，或者说它总是扮演着两种角色：语法成分和语义成分。这一点称为“句法成分的二重性”。主语、宾语、谓语(或述语)、定语、状语、补语等这些语法成分都具有二重性。

①主语的二重性。主语是句法成分的语法性质。一个词语充当主语时，除了语法性质之外，还有其语义性质。所以，语法上的“主语”同语义上的“施事”并不能画等号。“主语”可以同多种语义成分相对应。例如：

主席团坐在台上。(施事主语)

这家伙不好对付。(受事主语)

这篇论文写好了。(结果主语)

每人发了一套教材。(与事主语)

凉水洗不掉油。(工具主语)

这块花布做裙子。(材料主语)

台上坐着主席团。(处所主语)

春节到了。(时间主语)

②宾语的二重性。宾语也是句法成分的语法性质。一个词语充当宾语时，除

了语法性质之外，还有其语义性质。所以，语法上的“宾语”同语义上的“受事”并不能画等号。“宾语”可以同多种语义成分相对应。例如：

张三打了李四。（受事宾语）

那边来了一个人。（施事宾语）

这封信寄给小王。（与事宾语）

韩雪写了一本小说。（结果宾语）

洗手没有打肥皂。（工具宾语）

小李明天去上海。（处所宾语）

抢救持续到深夜。（时间宾语）

球迷们在排球票。（目的宾语）

王大妈在愁儿子的婚事。（原因宾语）

他们四人在打双打。（方式宾语）

③谓语（或述语）的二重性。谓语（或述语）也是句法成分的语法性质。一个词语充当谓语（或述语）时，除了语法性质之外，还有其语义性质，谓语（或述语）可以同动作、行为、态度、感知、状态、数量、变化、处所、时间等多种语义成分相对应。例如：

老王喝了一杯茶。（述语表示动作）

战士们日夜守卫着边疆。（述语表示行为）

老李讨厌奉承。（述语表示态度）

小梅感到很委屈。（述语表示感知）

苹果红通通的，梨子黄澄澄的。（谓语表示状态）

萝卜六毛，白菜四毛。（谓语表示数量）

老李已经处长了。（谓语表示变化）

群山之间一块盆地。（谓语表示处所）

今天星期日。（谓语表示时间）

④定语的二重性。定语也是句法成分的语法性质。定语的二重性包括两层意思：第一，一个词语充当定语时，除了语法性质之外，还有其语义性质，定语可以同性质、状态、功能、数量、领属、范围、来源、去向、处所、时间等多种语义成分相对应。例如：

优秀的学生(性质定语)
飞奔的列车(状态定语)
修车的工具(功能定语)
三斤大米(数量定语)
祖国的领土(领属定语)
学术上问题(范围定语)
捡来的东西(来源定语)
西去的列车(去向定语)
桌子上的书(处所定语)
星期一的课程(时间定语)

第二，在语法平面，定语只同主语中心语或宾语中心语发生语法关系(定中关系)，但是，在语义平面，定语不仅可以同中心语发生语义关系，还可以同谓语(或述语)等成分发生语义关系。例如：

他的篮球打得好。(定语指向述语)
鲁镇的酒店的格局(定语指向定语)
你必须给我们一个满意的答复。(定语指向近宾语)
球队的团结是胜利的保证。(定语指向定语)

⑤状语的二重性。状语也是句法成分的语法性质。一个词语充当状语时，除了语法性质之外，还有其语义性质，状语可以同状态、数量、范围、工具、方式、情态、处所、时间等多种语义成分相对应。例如：

警察们悄悄地逼近了歹徒。(状态状语)

鲁提辖三拳打死镇关西。(数量状语)

大伟在我们班是数学尖子。(范围状语)

武松用拳头打死了老虎。(工具状语)

大家互相帮助。(方式状语)

这场大火幸亏报警及时。(情态状语)

部队沿着大渡河飞速前进。(处所状语)

部队在凌晨按时到达目的地。(时间状语)

在语法平面,状语是谓语中心语的直接成分,直接同谓语中心语发生语法关系,构成状中关系。但是,在语义平面,状语不仅可以同中心语发生语义关系,还可以同主语、宾语等成分发生语义关系。例如:

乡亲们紧紧地握住战士们的手。(状语指向述语)

老王酽酽地沏了一壶茶。(状语指向宾语)

李老师笑容满面地走进教室。(状语指向主语)

⑥补语的二重性。补语也是句法成分的语法性质。一个词语充当补语时,除了语法性质之外,还有其语义性质,补语可以同程度、结果、状态、趋向等多种语义成分相对应。例如:

姚明的球打得棒极了。(程度补语)

大刘把小偷逮住了。(结果补语)

天气一天天热起来了。(状态补语)

敌人狼狈地退下去了。(趋向补语)

在语法平面,补语是谓语中心语的直接成分,直接同谓语中心语发生语法关系,构成述补关系。但是,在语义平面,补语不仅可以同中心语发生语义关系,还可以同主语、宾语等成分发生语义关系。例如:

这件衣服穿旧了。(补语指向主语)

李逵一个人杀死了四只老虎。(补语指向宾语)

小兰把衣服洗干净了。(补语指向状语的介词宾语)

(3)语法和语义的对应关系

句法成分之间的语法关系是可变的,而语义关系则是相对稳定的。在汉语中,语序是表达句法成分的性质及其间的句法关系的重要语法手段,所以同样的成分组合起来会产生不同的句法结构和句法关系,但其语义关系保持不变。因此,语法结构和语义结构存在着“一对多”和“多对一”的关系。所谓“一对多”的关系,就是说一种语法结构可以表达多种语义结构。例如:

一(语法结构)——→多(语义结构)

述宾结构——→看医生(动作行为+施事)

——→吃米饭(动作行为+受事)

——→刷油漆(动作行为+工具)

——→写论文(动作行为+结果)

——→跑材料(动作行为+目的)

——→打双打(动作行为+方式)

——→踢中锋(动作行为+系事)

所谓“多对一”的关系,是说多种语法结构可以表达一种语义结构。例如:

多(语法结构)——→一(语义结构)

绳子捆了箱子　动作行为(捆)

箱子捆了绳子

把箱子捆了绳子

用绳子捆箱子

捆箱子的绳子

捆了绳子的箱子工具(绳子)　受事(箱子)

正是由于语法结构和语义结构之间存在着这种复杂的一对多和多对一关系，所以，对于一个句法结构不但要进行语法分析，还要进行语义分析。

7.3.2 词组的语义分析和概括

汉语语法学界对各类词组的语义分析和概括的结果大致如下：

定中词组	语法意义：修饰和被修饰	语义关系：属性和主体
状中词组	语法意义：修饰和被修饰	语义关系：状态和行动
联合词组	语法意义：并列和选择	语义关系：同类或同质
中补词组	语法意义：陈述和补充	语义关系：原因和结果
主谓词组	语法意义：指称和陈述	语义关系：事物和说明
同位词组	语法意义：同指或复指	语义关系：同一关系
连动词组	语法意义：连述	语义关系：行动和时序
兼语词组	语法意义：使令	语义关系：使令和执行

需要说明的是，每一类词组都包含着多种语义关系。以定中词组为例，有以下几种语义类型：

（1）中心语的语义类型

A. 表人类中心语。中心语表示人或人组成的集体、团体等实体成分。例如：

聪明的孩子 / 无敌的军队 / 勤劳的民族 / 伟大的祖国 / 管理交通的部门

B. 表物类中心语。中心语表示物品、器具等实体成分。例如：

三本书 / 锋利的小刀 / 男式皮鞋 / 打鸟的枪 / 传递信息的符号

C. 表事类中心语。中心语表示事情、事件、理论、方法等实体成分。例如：

残酷的战争 / 惊人的事件 / 激烈的比赛 / 关于汉语语法特点的理论 / 解决

问题的方法

D.表空间类中心语。中心语表示地点、场所、单位、建筑物等实体成分。例如：

宽阔的广场 / 明亮的教室 / 繁忙的交易所 / 幽深的山洞 / 停车的地方 / 比赛场地

E.表时间类中心语。中心语表示时间实体成分。例如：

关键的时刻 / 去年春天 / 难忘的一天 / 收获的季节

(2)定语的语义类型

A.性质定语。定语表示人和事物内在的性质和质料属性。如是好是坏、是否适用、价钱高低、什么质料等。例如：

优秀的学生 / 哺乳动物 / 优质产品 / 顺手的工具 / 便宜货 / 塑料鞋

B.形态定语。定语表示人和事物外在的形态属性。如相貌、形状、色彩、气味、动静、质感等。例如：

漂亮的姑娘 / 巍峨的群山 / 五颜六色的礼花 / 悦耳的歌声 / 香喷喷的米饭 / 坚硬的岩石 / 飞奔的列车 / 载歌载舞的群众

C.数量定语。定语人和事物的数量属性。如数量的多少、尺寸的大小、距离的远近等。例如：

五斤米 / 一车化肥 / 大量的移民 / 2米的身高 / 三天的时间 / 五十公里的路程

D. 功能定语。定语表示人和事物的功能属性。如职能职责、用途用处等。例如：

打工的人们 / 建筑工人 / 清洁工 / 售货员 / 管理人员 / 指挥人员 / 审计人员

切肉的刀 / 绘图铅笔 / 洗涤用品 / 消炎药 / 修理汽车的工具 / 生产农药的工厂

比赛场地 / 停车的地方 / 自习时间 / 推销产品的机会 / 复习迎考的日子

E. 领属定语。定语表示人和事物的领属属性和归属属性。如领有或归属于何人、何物、何国、何单位、何团体、何类别等。例如：

他的父亲 / 北大的学生 / 小王的书包 / 张先生的论文 / 茶壶的把儿 / 汽车的轮子

张三的班级 / 孩子的妈妈 / 李四的单位 / 王五的国家 / 赵二的团队

F. 来源定语。定语表示人和事物的来源属性。如来自何处、产于何地等。例如：

买来的书 / 赚的钱 / 广东产的荔枝 / 来自非洲的朋友 / 途经武汉的客轮

G. 去向定语。定语表示人和事物的去向属性。如去何处，向何方，用于何处，去做何事。例如：

开往灾区的列车 / 南飞的大雁 / 送人的礼物 / 去支援的部队

H. 范围定语。定语表示人和事物的范围属性。如属于什么范围，内容如何。例如：

交通警察 / 数学教师 / 建设规划 / 奥运报道 / 女性文学 / 语法论文

I.方所定语。定语表示人和事物的方所属性。如处于何处，位置如何等。例如：

墙上的画 / 公园里的花 / 路边的商店 / 山上的寺庙 / 这里的人们 / 梦中的情人

J.时间定语。定语表示人和事物的时间属性。包括时点、时量等。例如：

春天的故事 / 90后的青年 / 三天的假期 / 八年的抗战 / 长期的斗争

K.标记定语。定语表示人和事物的标记和名称。如姓氏、名号、商标、头衔等。例如：

毛氏红烧肉 / 包氏家族 / 格力空调 / 秦冠苹果 / 羊城晚报 / 王麻子剪刀

L.关系定语。定语表示人和事物的关系属性。例如：

熟悉的朋友 / 反对的人 / 同一个单位的人 / 政见相同的党派 / 更强的对手

其他结构类型的词组和定中词组的状况都是相同的。

7.4 课文文本的实例和个案的语义分析

7.4.1 课文文本的实例分析

实例分析1："当(在)……时候，就……"格式的语义分析。

当我在一年级的时候，就有早晨赖在床上不起的毛病。

“当(在)……时候，就……”格式由于“就”的表义作用，其表达的基本语义就是“早”：早就知道、早就会、早就有、早就怎么怎么样。这样的话，格式表达的“早”的语义对“当(在)……时候”表示的时间就有了一定的要求，那就是：“当(在)……时候”应该是一个相对比较“早”的时间。比较下面两个例子：

当(在)我三岁的时候，就会踢足球了。

当(在)我六十岁的时候，就会踢足球了。(?)

由此可见，“当(在)……时候”格式中的“一年级”对于句子的合理性非常重要。如果改成：

当(在)我读大学的时候，就有赖床的毛病。

那句子的合理性就差多了。

注意，时间和行为(或行为能力)的关系比较密切，表达时一定要注意二者的和谐性。比如，古诗《孔雀东南飞》里刘兰芝是这样自述的：

十三能织素，十四学裁衣，十五弹箜篌，十六诵诗书。

我们读了，觉得刘兰芝这个人很朴实，没有吹牛，但是她如果改改时间，就很难说了：

三岁能织素，四岁学裁衣，五岁弹箜篌，六岁诵诗书。

这样说你还能相信吗?

和“当……时候，就……”格式相反的格式是“当(在)……时候，还(否定)……”格式。该格式表达的基本语义就是“迟、晚”：还不知道、还不会、还没有、还不怎么怎么样。这样的话，格式表达的“迟、晚”的语义对“当(在)……时候”表示的时间也有一定的要求，那就是：“当(在)……时候”应该是一个相对比较“迟、晚”的时间。比较下面两个例子：

当(在)我上中学的时候，还不会写字呢。

当(在)我两岁的时候，还不会写字呢。(?)

可见，格式之间也存在着同义、反义等语义关系。

实例分析：“有＋名词”格式和语义偏移现象。

我当时在一家印刷所当学徒，是一个求上进、有志气的少年。

动词“有”具有一定的标记功能，所以以“有”为谓语动词的句子叫做“有”字句。此外，动词“有”和一些名词组合的时候会发生一种有趣的语义现象——语义偏移现象。什么是语义偏移？我们来看下面的例子：

赵大有钱。(有很多钱)

钱二有学问。(有很多学问)

孙三有力气。(有很大力气)

李四有水平。(有很高的水平)

王五有胆量。(有很大的胆量)

郑六有能力。(有很强的能力)

拿第一个例子来说，“钱”的意义就是货币或财产，本身不表示数量的多少，但是“有钱”表示的意义是“有很多钱”，从不分多少的“钱”到表示很多钱的“钱”，“钱”的语义发生了变化，偏向数量多。这种情况就是语义偏移。上面的例子中都有语义偏移现象。

同理，“有志气”和上面的例子一样，“志气”的语义也发生了变化，表示“很大的志气”的意思。平时同学们常说，我们要做“有理想、有道德、有文化、有纪律”的

“四有”新人。这“四有”表达的也是偏移的语义。

有理想:有远大的理想。

有道德:有高尚的道德情操。

有文化:有渊博的文化知识。

有纪律:有严格的纪律性。

和“有+名词”相反的格式就是“没+名词”格式。“没+名词”格式表示的语义偏向“少”。例如:

赵家没钱。(没有多少钱,并非是一分钱也没有)

其他的例子可以类推。

不过,并不是所有的“有(没)+名词”组合都有语义偏移现象。例如:

有教室、有黑板、有桌子、有椅子。

上面这些例子中都没有发生语义偏移现象。那么,什么样的名词同“有”组合的时候会产生语义偏移现象呢?

通过观察,我们发现,凡是具有“多多益善”特点的名词同“有”组合的时候基本上都会产生语义偏移现象。什么是“多多益善”的名词?就是说:对于人们来说,这类名词表示的东西拥有的越多越好,越大越好,越高越好。比如说:“钱”是越多越好,“学问”是越多越好,“水平”是越高越好,“胆量”是越大越好,“风度”是越高雅越好。这种“多多益善”的认识渗入语义之后,就成为语义偏移的基础。当我们评价某人“有什么”的时候,当然不是说某人“有”某事物,但是多少不清楚;而是认为他“有”很多的某事物。当然,日常生活中,我们使用“有(没)+名词”格式评价的时候,还是分等级的。如下:

张三有学问。

张三有点儿学问。(英语的 a little)

张三没学问。

张三没什么学问。

日常口语中我们常说的"是时候了!""真不是时候!"其中的"时候"也发生语义偏移现象,偏移为"恰当的时候""该做什么的时候""必须做什么的时候"等。

实例分析:"无论…… / 只要……就……"句式。

英子,不要怕,无论什么困难的事,只要硬着头皮去做,就闯过去了。

我们先对这个格式做一下语法分析。

"无论"作为关联词语,一般用于条件句中的无条件句,表示无条件的境况。

"只要……就……"是一个条件复句格式。"只要"引出必要而且充分的条件(简称充要条件),"就"引出和前面的充要条件相应的结果。所以一般把"只要……就……"叫做充要条件句。

"无论……"和"只要……就……"连接起来构成的"无论…… / 只要……就……"句式是一个二重条件复句,该句的第一层是一个无条件复句,第二层是个充要条件复句。

以上就是传统复句分析的内容。就分析的内容来说,没有什么不当的。但是,"无论……只要……就……"格式的语义是什么呢?传统的复句分析无法回答。因此,我们必须进行语义分析。

先来分析"无论……"句的语义。"无论"表示的"无条件"意义可以用一句通俗的话来说明——"千变万化没商量",用来表示难度之大,境况之险,变化之复杂,等等,有夸张的味道。和"无论"语义相同或相近的关联词还有"不管、哪怕"等。

再来分析"只要……就……"句的语义。"只要"除了表示充要条件之外,还表示选择和限制(从词素义的分析可以看出:"只"表示唯一性限制,"要"表示选择),结合起来就是选择的唯一性。副词"就"的本义是"到达",成语有"一蹴而就",而后引申为"完成、成功",如"大业可就",复合词有"成就"。之所以能够成就,那显然是条件有效;而做事最重要的条件就是"方法"。因此,"就……"分句的表达功能就是说明"只要……"分句表示的"选择的唯一性"的有效性,也可以说是制胜性。

通过上述语义分析，现在我们可以来概括"无论……／只要……就……"句式的语义了。我们的概括是：千变万化，一招拿下！或者：以一招应万变。例如：

无论对方使出什么招数，只要你使出这一招，你就赢了。

不管他们怎么问，只要你不吭气，他们就没办法。

哪怕电信诈骗犯千骗万骗，只要你不给他钱，他就是瞎忙活！

英子，不要怕，无论什么困难的事，只要硬着头皮去做，就闯过去了。

我们觉得，上述语义概括可能在准确性方面还有待提高，但是容易理解，容易记忆，当然也就容易掌握。

7.4.2 课文文题的个案分析："荷塘月色"题解

文题是一篇文章的纲，题目对于文本的解读至关重要，纲举才能目张。文题提供了作者要表达的重要的，甚至是核心的信息。文题可以帮助我们快速把握文本信息，了解其表达主旨。无论是文本阅读还是文本研究，都应该首先从文题开始。如果阅读者对文题命名的原因一无所知，对文题提供的信息未加了解，对文题对作品的作用（统括全篇，涵盖内容，显示主旨等）也没有掌握，那么阅读者便不可能准确、深刻、完整地解读文本。

《荷塘月色》是中学语文教材中重要的阅读篇目。对《荷塘月色》进行教学研究的文献自然不胜枚举。然而我们很遗憾地发现：几乎所有研究该文的文献都忽略了对该文题目"荷塘月色"的解析。是这个文题不重要，不需要解析吗？还是这个文题与正文缺少联系，游离于正文之外呢？我们很难想象，一篇锦绣华章的文题居然是无足轻重的；我们也很难想象，解读文本对文题可以不加解析。恰恰相反，我们认为："荷塘月色"这个文题一定是辖控全文并对全文的表达和理解具有重要作用的，这个文题一定是有它自身的价值和意义的。因此，我们将对文题"荷塘月色"进行多层次、多角度的解析。

（1）"荷塘月色"的语法分析

"荷塘月色"是一个"名词＋名词"构成的词组。现代汉语中的"名词＋名词"组合可以形成四种结构关系：①联合关系。例如：北京广州。②定中关系。例如：

北京人。③同位关系。例如:首都北京。④主谓关系。例如:明天中秋。

“荷塘月色”不是同位关系,也不是主谓关系,这是很明确的。

“荷塘月色”可以理解为联合关系(荷塘和月色),也可以理解为定中关系(荷塘的月色)。因此,我们初步把“荷塘月色”看成一个歧解词组。

①联合结构的“荷塘(和)月色”。

现代汉语中的联合结构按其结合方式,可以分为粘合式和组合式。粘合式联合结构不用结构连词,结构成分直接结合。例如:春夏秋冬、琴棋书画、锅碗盆瓢、绿水青山、金山银山。组合式联合结构使用结构连词进行结合。例如:工人和农民、作家和文章、语文和数学。

同形式结合相对应,联合结构成分的语义结合也有两种情况:语义融合和语义并列。粘合式联合结构的成分的语义结合较为紧密,融为一个整体,这是语义融合。语义融合结构一般具有整体语义。例如“绿水青山”并不是简单的指“绿的水和青的山”,而是指美好的自然环境和生活环境。组合式联合结构的成分的语义独立性较强,相互并列,这是语义并列。

如果把文题“荷塘月色”看作联合结构,那么这个联合结构无形式标记(结构连词),是粘合式联合结构。根据语言相似性原则,无形式标记的联合结构“荷塘月色”结构成分关系紧密,在语义上是一种融合关系,结构成分融合为一个整体。因此,对于粘合式联合结构“荷塘月色”,我们不能把“荷塘”和“月色”分开来理解,而应该看作一个语义融合的整体,具有整体语义。关于这一点,我们下文还要谈到。

②定中结构的“荷塘(的)月色”。

现代汉语中名词做定语的定中结构按其结合方式,也可以分为粘合式和组合式。粘合式定中结构不用结构助词“的”,结构成分直接结合。例如:国际形势、手机芯片、语文教材、紫藤萝瀑布。组合式定中结构使用结构助词“的”进行结合。例如:张三的书包、长江的水、春天的故事。

名词做定语的定中结构,无论是粘合式结构还是组合式结构,其语义中心都是中心语成分。定语则表示属性语义,一般是语义附加成分,其语义功能是区别性作用。

如果把文题“荷塘月色”看作定中结构——“荷塘(的、之)月色”,那么该结构中的“月色”为中心语(语义核心),“荷塘”为修饰语,对“月色”进行限定区别,强调“月色”是“荷塘的月色”。

粘合式定中结构和组合式定中结构的语义也不是完全一样的。一般来说,粘合式定中结构具有特定的整体意义,而组合式定中结构一般缺少特定的整体意义。请比较下面的例子:

中国航空公司——中国的航空公司
北京大学——北京的大学
广州车站——广州的车站
上海人——上海的人
金华火腿——金华的火腿
砀山梨——砀山的梨
烟台苹果——烟台的苹果
西湖龙井——西湖的龙井
黄山毛峰——黄山的毛峰

上面例子中的粘合式定中结构都具有“特定的”“专指的”意义,指物的粘合式定中结构还隐含着“好的、出名的、正宗的”含义。

结合上面的分析,我们再来观察粘合式定中结构的“荷塘月色”,我们觉得,朱自清先生命名的文题“荷塘月色”也是有特定意义的。

③双解的“荷塘(和/的)月色”。

我们也可以把“荷塘月色”看作一个双解结构。朱自清先生当时的脑海中充溢着“荷塘”和“月色”这两个物象和意象,他并没有刻意地去确定“荷塘”和“月色”的关系,这大大增加了他表达的自由度,也大大扩大了该文题的内涵容量和辖控空间。我们觉得,朱自清先生实际上也需要这样一个双重的语言结构空间,以便去更好地去表达他的荷塘月色世界!

无论我们把“荷塘月色”看成联合结构,还是看成定中结构,或是看成双解结构,它们之间还是有共同点的:

第一,它们的表达中都含有荷塘和月色这两个物象。不管是语义并列、语义附加，还是语义融合，“荷塘”和“月色”这两个物象都是存在的，只不过它们的语义组合方式不同。

第二，它们都是黏合结构，“荷塘月色”这种结合方式是汉语通常对景物称说命名的方式。例如：

联合粘合式：青山绿水、平湖秋月、长河落日、杏花春雨、高峡平湖、丽日蓝天。

定中粘合式：庐山瀑布、西湖碧荷、黄山云雾、漓江春水、西山红叶、萝岗香雪。

“荷塘月色”这种命名方式给了我们一个启示：“荷塘月色”这个文题决不是简单地指称“荷塘”和“月色”这两个物象，而是由“荷塘”“月色”这两个物象结合而成的一幅荷月图，一个荷月美境，一个荷月世界！也就是说，“荷塘”“月色”这两个词语在作为文题对文章命题时已经被作者赋予了特定的意义和内涵。

(2)“荷塘月色”的语义分析和意象分析

“荷塘月色”的语义分析和意象分析的任务主要是分析“荷塘”“月色”的附加语义及其结合状况，“荷塘”“月色”的意象属性及其结合状况。

①“荷塘”“月色”的附加语义及其结合。

词的意义由理性意义和附加意义构成。词的附加意义包括情感意义、语体意义、形象意义、象征意义、文化意义等。我们在分析时统称为附加意义，不作过细的区别。

“荷塘”的附加语义。“荷塘”理性意义就是“种植荷花的池塘”，所以“荷塘”具有【空间】语义成分。不过，“荷塘”还有其他的附加语义，那就是因塘中的种植物——荷花(莲花)而获得的附加语义。

“荷”又称“莲”、“芙蓉”(敷布容艳)、“芙蕖”等。自古以来，荷花给人的印象是高洁美好的。莲荷经常用来隐喻高洁美好之人，或象征圣洁美好之意。

莲花可以喻指君子，有高洁义。莲与梅、竹、松、兰、菊并提，正如周敦颐《爱莲说》所说：“出淤泥而不染，濯清涟而不妖，中通外直，不蔓不枝，香远益清，亭亭净植，可远观而不可亵玩焉。”“莲，花之君子者也。”

荷花可以喻指佳人，有美好义。荷花姣好，天生丽质，清丽脱俗，故有“清水出芙蓉，天然去雕饰”之誉和“芙蓉仙子”的美称。

莲花可以象征爱情。“莲”谐音“怜”(怜爱),故可以象征爱情。在民间,“并蒂莲”是美好婚姻的象征。

莲花还象征圣洁。莲与佛教的关系十分密切,可以说“莲”就是“佛”的象征。佛座称为“莲花座”或“莲台”,佛教认为极乐世界犹如清净不染的莲花境界,故称“莲邦”,佛国也称为“莲花国”,等等。

通过上述解析,我们看到:“荷塘”是一个空间,具有稳定性和包容性,它是君子、仙人所处,佳人所居,高洁清净之境界;这里有爱情,有风流,有欢乐。我们把“荷塘”的附加语义描述如下:

荷塘:【种荷的池塘:空间】【稳定;包容】【高洁;美好;圣洁】【爱情;欢乐】。

“月色”的附加语义。“月色”的理性意义就是月光,月亮发出(反射)的光色。月光只出现在的特定时间(夜晚),所以“月色”具有【时间】语义成分。此外,人们对月光有许多描述和比喻。例如:乳白色的月光、溶溶的月光、月光如水、月光如霜、月色溶溶、月光如流水等。通过这些描述和比喻,我们可以从中初步提取到“月色”的基本语义成分:【时间】【柔和】【流动】【溶和】。不过,“月色”还有一些附加语义,那就是因月色的光源——月亮而获得的语义。

月亮又称太阴星、玉轮、玉盘、冰轮、玉兔、桂轮、桂宫、广寒、银钩、月牙、嫦娥、婵娟等。在中国传统文化中,月亮并不是一个冰冷的天体。同阳刚的太阳相对应,温柔的月亮也同多样的事物和情感相联系。

月亮名太阴,与太阳相对,所以月亮(月光)有阴柔义。

月亮运行,由望而朔,时为一月。“日月如梭”“日月轮转”“月有阴晴圆缺”这些语句说明月亮(月亮)有流动变化义。

月亮高悬夜空,一轮明月照九州,洒下万里清辉。“滟滟随波千万里,何处春江无月明”。正因为月亮(月光)有覆盖包容义,所以人们才会“举头望明月,低头思故乡”,才能“千里共婵娟”。

月亮可以喻指美女,月亮的“婵娟”之名即由此而得,所以月亮有美好义。

月亮明亮皎洁,又名冰轮、玉盘,所以月亮有冰清玉洁义。

月亮、月光都是清冷的。月中有广寒宫,月亮又名广寒;“高处不胜寒”,“香雾云鬟湿,清辉玉臂寒”“寒光照铁衣”等语句说明月亮(月光)有清冷义。由清冷又联系到孤独、思念、寂寞的情境。

月亮有圣洁纯真义。誓言常说:“一片真心,日月可鉴。”少男少女们也经常吟唱:“月亮代表我的心。”可见其圣洁纯真义。

通过上述解析,我们看到:“月色”是包覆的、流动的,可以表达特定的时间,而且还可以喻指美女、是美好的,冰清玉洁的等。我们把“月色”的附加语义描述如下:

月色:【月亮的光色:时间】【阴柔,流动,包覆】【美好;纯洁;纯真】【清冷;孤独;寂寞】。

②“荷塘”与“月色”的语义结合。

前面的语法结构分析中我们已经指出:“荷塘月色”无论是联合结构还是定中结构,其结合方式都是粘合式,其结构成分的语义结合状况基本上都是语义融合。不过,结构形式上的粘合式只是为语义融合提供了形式上的条件。具体的语义融合状况还要在语义层面进行分析。上面所做的“荷塘”“月色”附加语义的分析是第一步,接下来的分析是二者的附加语义的对比。

“荷塘”的附加语义如下:

荷塘:【种荷的池塘:空间】【稳定;包容】【高洁;美好;圣洁】【爱情;欢乐】。

“月色”的附加语义如下:

月色:【月亮的光色:时间】【阴柔,流动,包覆】【美好;纯洁;真诚】【清冷;孤独;寂寞】。

通过“荷塘”“月色”的语义对比,我们看到,二者的语义结合状况有以下三种情况:

第一种是语义融合。所谓语义融合,就是两个(或多个)词语的语义成分重合(相同)。例如,在“荷塘”“月色”的附加语义中,【包容(包覆)】【美好】两个语义成分重合;【高洁;圣洁;纯洁;纯真】几个语义成分部分重合。这些语义成分的关系都是语义融合关系。

第二种是语义互补。所谓语义互补,就是两个(或多个)词语的语义成分在结合时,其间的关系是既相互区别,又相互依存。例如,在“荷塘”“月色”的语义结合中,【空间;时间】【稳定;流动】这两对语义成分就是互补的。因为空间和时间虽然不同,但却是不可分割的。荷塘要么在阳光下,要么在月色中。荷塘的【空间】语义、月色的【时间】语义也决定了二者结合的必然性。由“荷塘”“月色”的【空间】

【时间】结合的必然性，决定了荷塘的【稳定】和月色的【流动】语义成分互补和结合合理性。

第三种是语义并列。所谓语义并列，是说在词语的语义结合中，两个(或多个)词语的某些语义成分既不能融合，也不处于互补状态；它们各自分别存在，保持自己的独立性。这种情况就是语义并列。例如，“荷塘”语义中的【爱情；欢乐】和“月色”语义中的【清冷；孤独；寂寞】相互对立，但是并不互补，难以结合。它们处于并列关系之中，在语境中各自显现出来。

语义融合、语义互补、语义并列这三种语义结合情况并不是在词语语义组合时都会同时出现的。有的只有语义融合，例如“紫藤萝瀑布”。有的只有语义并列，例如“老人与海”。有的则是语义互补，例如“从百草园到三味书屋”。因此，词语语义结合的情况要根据具体的情况做具体的分析。

语义融合、语义互补、语义并列是词语语义层面的结合情况。如果进入具体的语境，进入具体的“荷塘”“月色”构成的意境，我们还要进行意象和意象结合分析。下面我们就来讨论这个问题。

③意象和意象结合简说。

什么是意象？意象由物象变化而来。事物有具体和抽象之分。所谓物象，就是具体事物通过人的思维归纳概括形成的图像，也就是心理学中所说的表象。所谓意象，就是客观物象的心理图像附加上情感意义、象征意义等而形成的“象—意”结合体。意象是文学作品中常见的艺术形象。至于表示抽象事物的词语，一般是有“意”而无“象”。例如表示情绪的词语“愤怒”“忧愁”即是如此。不过这些词语通过隐喻、转喻等途径也可以获得一定的形象性，达到“意—象”的结合，形成一定的意象。例如，人的情绪情感是抽象的，但是通过隐喻、转喻也可以形象化，“怒火”“愁云”“情丝”“怨毒”等就是情绪情感形象化而形成的意象。

关于“意”的结合，上面我们已经分析过了。而“象”的结合就是物象结合。物象结合就是单一图像结合为复合图像。

“象”在结合前有一个重要的环节，那就是“象”的具体化。所谓象的具体化，就是对认知系统中已经形成的概括的物象进行具体化。前面我们指出，物象是具体事物通过人的思维归纳概括形成的图像，也就是心理学中所说的表象。所以，物象是比较概括的，而具体意境中的意象的物象是具体的、特定的，并且具有一定的含义和情感的。因此,物象在结合前要根据具体的意境、意象的含义和情感、以及与之结合的物象的情况,进行具体化以后再进入“象”的结合的环节。这也是“象”的具体化的原则。

“象”在结合时主要是以下方面的问题:

图像的形体:图像形体的大小,相互之间的比例等。

图像的相对位置:图像的高低,图像的远近,图像的深浅,中心和四周,等等。

图像结合的方式:图像的并列,图像的交错,图像的融合,等等。

图像的配置:前景图像和背景图像,远景图像和近景图像,焦点图像和衬托图像,图像的叠加和虚化,等等。

所谓意象结合,就是具有“象—意”双重因素的词语通过形式组合和语义组合,最终形成特定意境的过程。意象结合是在词语组合、“象”的结合、“意”的结合的基础上进行的。在意象结合中,既有“象”的结合,又有“意”的结合,意象结合的结果是形成既能表现客观环境景物,又能体现主观思想情感的特定的意境,因此,意象结合是一个艺术化的过程。整个过程的情况大致如下图所示:

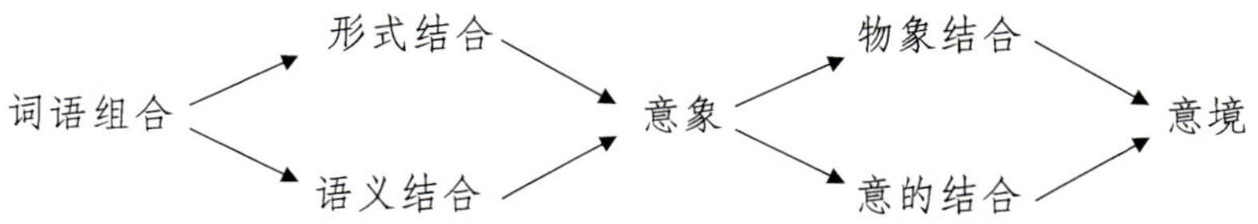

意境是作者创造的,其中包含着作者的意旨和情感。那么,作者是怎样构建意境的呢?

首先,意象的语义是怎样同作者的主观的情感和意愿结合的呢?

其次,意象的语义和作者的主观的情感意愿是怎样决定“象”形成意境的画面呢?

再次,“象”的画面、“意”的含义、主观的情和意是怎样复合为一个整体——意境的呢?

要回答上述这些问题是难而又难。但是,有一点可以肯定:意境的形成决不是“象”的结合和“意”的结合的简单相加,而是一个复杂的整体化、主观化、艺术化的过程。因此,作品意境构建的研究是一个高难度的课题。画家的创作,电影的画面、镜头的处理，都是对意象结合成意境的过程的探索。而我们要采取的探索的方法是作品个案法，即对“荷塘月色”的荷月世界和意境的构建状况进行构拟、描述、解析和展现。

(3)“荷塘月色”意境的构拟和分析

前面我们指出：“荷塘月色”这个文题决不是简单地指称“荷塘”和“月色”这两个物象，而是由“荷塘”“月色”这两个物象结合而成的一幅荷月图，一个荷月美境，一个荷月世界。也就是说，“荷塘”“月色”这两个词语在作为文题对文章命题时已经被作者赋予了特定的意义和内涵。

“荷塘月色”是一个由景物、景物的含义、作者的情感和意旨等因素复合而成的一个特定的意境。该意境可构拟、描述如下：

“荷塘月色”这个意境由“荷塘”和“月色”两个意象结合而成。在“荷塘月色”这个意境中，“荷塘”“月色”是两个不容分割的意象。

“荷塘”的物象是一个空间的平面，其特点是一个地面上的、不规则的(曲曲折折)的、涵括着莲荷的水面。

“月色”的物象是天上的月亮的白色的、融融的、渗透并融入景物的光。

荷塘是稳定的，聚焦的，幽暗的，承载的，托垫的；月光是流动的，广漠的，明亮的，覆盖的，渗溶的；在这个意境中，荷塘是近景，月光是远景。近景低位是荷塘中的荷，焦点是荷花；远景高位是空中的月光，焦点是明亮的月。

荷塘中有荷叶，荷花，这是现实的，可视的；又有妖童媛女，采莲女，等等，那是叠印的，虚化的。

月色是明亮的，融融的，这是现实的，可视的；又有寂寞、冷清、思念(妻子)，牵挂(儿女)，还有心中理想的境界。

至于“荷塘月色”意境，荷月世界的美妙，朱自清先生会在确定文题后的写作中完美地展示，实际上朱自清先生也做到了。

(4)小结

“荷塘月色”是融为一体的意境，用图画来表现应该更为合适。但是，由于语言的线性特征，文章只能在一维的维度上延伸展开，因此，“荷塘月色”不可能同时描述。这样，“荷塘”“月色”在文中必然会有先后顺序的区别，也必然会有二者在顺序上的交替。不过，无论是“荷塘”的描述还是“月色”的描述，这些都是在文题

"荷塘月色"的辖控之内进行的。对于这一点,大家应该不会有异议的。

一个好的题目所传达的信息是多方面的。"荷塘月色"通过无形式标记的黏合方式,显示了"荷塘"与"月色"的语义融合关系和更深层的意象融合关系;"荷塘月色"通过文题(话题)的辖控功能和信息的诱发、激发功能,吸引着读者去探求、想象、构思文本的内容和意境。人们完全可以合乎情理地想象到:文学巨匠朱自清先生,他的文学造诣、他对"荷""月"意象的深刻理解与挖掘、他的审美体验等,这一切在"荷塘""月色"两个意象构成的意境和氛围中得以激发,于是有了这自由、诗意、肆意的思绪,才有了我们所看到的一篇集妙景、深情、丽辞于一体的华章《荷塘月色》。除了"荷塘月色",还有什么语词更适于作为这篇华章的文题呢？我们再换一个角度:即便朱自清先生是完稿后再确定"荷塘月色"这个文题的,那么,还有什么语词能够比"荷塘月色"对全文概括、提炼得如此完美呢?

7.5 小结

本章从词义分析到语法格式(包括词组、句子、复句)的语义分析进行了较为系统的分析讨论。词义分析,既是语义分析的基础,也是语义分析的微观世界;而语法格式的语义分析,是语义分析中的难题,当然也是中学语文教学中的难题。我们在本章中的工作是尝试性的,探索性的,希望我们能够在探索的路上走得更远。